◎命理經典◎

八字命理透析

〔出身情緣篇〕

劉賁 Ben Liu 編著

進源網路事業有限公司出版

〔出身情緣〕序言

　　人生短短數十載，事實上可以概分兩階段；前階段是接受培養、學習成長，後階段方是自立自主、成家立業。若是前階段的照顧無微不至、安穩成長，無疑是先馳得點、築基紮實，後來的建功立業，自然容易順水推舟；但若前運顛沛流離、情緣薄弱，則基礎虛無，甚至從零起頭，即使後運強勁，也常有時不我予之嘆，人生難登高峰、難有大成。

　　四柱命理，年月主前半世、日時主後半世；前半世首重〔**出身與親緣**〕之扶持；聚焦顯現於命式，即在〔**年月兩柱加上首柱大運**〕。若說出身情緣乃人生成敗格局高低之關鍵，實不為過。

　　本冊點出四柱八字〔**出身良窳、父母兄弟情緣**〕之學理，並佐以系列命例，相信能對命理愛好者醍醐灌頂。

　　讀者幸甚！劉賁幸甚！

劉　賁謹識
2023歲次癸卯

目錄

〔出身情緣〕序言………………………………002

出身與情緣……………………………………016
〔總論六親〕……………………………………017
〔總論出身源頭〕………………………………020
〔祖上父母情緣〕………………………………024
〔命局全局顯象〕………………………………029
〔年月比劫主象〕………………………………033
〔年月財星主象〕………………………………035
〔年月印星主象〕………………………………037
〔年月官殺主象〕………………………………039
〔祖蔭之有無〕…………………………………040
〔得享祖蔭命造〕………………………………045
　　癸丑、己未、乙亥、己卯。……………………045
　　癸卯、乙卯、丁丑、丁未。……坤造…………046
　　丙寅、丙申、戊子、丙辰。……………………047
　　壬戌、壬子、戊寅、戊午。……………………048

　　戊辰、辛酉、己丑、乙亥。…………………049

　　壬申、丁未、己亥、辛未。…………………050

　　丁卯、甲辰、辛卯、辛卯。…………………051

〔早離家鄉獨立命造〕…………………………052

　　辛卯、庚子、甲申、甲子。…………………052

　　辛亥、乙未、甲申、甲戌。…………………053

　　丙午、庚子、乙巳、丙子。…………………054

　　甲申、丙寅、乙丑、庚辰。…………………055

　　乙未、己卯、乙亥、戊寅。……坤造………056

　　戊申、己未、己丑、乙丑。……坤造………057

　　己丑、壬申、己亥、丙寅。…………………058

　　戊辰、壬戌、庚戌、癸未。…………………059

　　己酉、丁卯、辛巳、己亥。……坤造………060

　　庚戌、乙酉、辛丑、己丑。……坤造………061

　　乙巳、戊子、壬寅、乙巳。…………………062

　　乙亥、辛巳、癸未、壬戌。……坤造………063

　　壬子、庚戌、癸酉、乙卯。…………………064

〔難享祖蔭命造〕………………………………065

　　壬戌、辛亥、乙巳、己卯。…………………065

　　丁酉、戊申、丙寅、癸巳。…………………066

庚寅、辛巳、丙寅、辛卯。………………………………067
戊子、壬戌、丙戌、癸巳。………………………………068
庚寅、丁亥、丁卯、庚戌。……坤造……………………069
辛酉、戊戌、丁亥、癸卯。………………………………070
丁巳、辛亥、戊子、戊午。………………………………071
辛卯、丁酉、戊午、壬子。………………………………072
壬子、壬寅、己丑、乙亥。……坤造……………………073
壬辰、丙午、己丑、丙寅。……坤造……………………074
乙丑、癸未、庚子、戊寅。………………………………075
庚申、乙酉、庚戌、庚辰。……從革格…………………076
己卯、乙亥、壬子、甲辰。……坤造……………………077
壬申、乙巳、壬辰、丙午。………………………………078
丁巳、壬子、癸丑、癸丑。……坤造……………………079
乙巳、乙酉、癸巳、壬戌。………………………………080

出身之良窳 ……………………………………………082
〔通論〕………………………………………………083
〔細則〕………………………………………………086
〔出身富貴命例〕……………………………………088
戊寅、丁巳、甲辰、丁卯。………………………………088

庚申、己丑、乙酉、乙酉。……坤造……089
辛卯、戊戌、乙未、戊寅。……孫科……090
庚戌、壬午、丙子、辛卯。……091
癸卯、乙丑、丙子、己丑。……092
丙申、戊戌、丙寅、戊戌。……093
戊辰、辛酉、丙午、癸巳。……094
甲午、丁卯、丁卯、丙午。……095
壬申、丁未、丁酉、丙午。……096
癸酉、癸亥、丁亥、癸卯。……097
己酉、辛未、戊辰、壬戌。……坤造……098
壬寅、癸卯、戊午、戊午。……坤造……099
甲午、癸酉、己丑、戊辰。……100
壬申、丁未、己亥、辛未。……101
丙戌、戊戌、辛酉、壬辰。……102
甲午、甲戌、辛亥、戊子。……103
丙子、丙申、辛巳、戊戌。……連戰……104
辛丑、癸巳、壬子、庚子。……張學良……105
戊辰、戊午、癸巳、戊午。……106
庚戌、己丑、癸巳、庚申。……107
丙戌、丙申、癸丑、癸丑。……108

丙申、庚寅、癸亥、乙卯。…………………………………… 109
〔出身不佳命例〕……………………………………………… 111
　　丁未、壬寅、乙卯、己卯。…………………………………… 111
　　戊戌、甲寅、丙寅、甲午。……坤造………………………… 112
　　庚辰、戊子、丙戌、甲午。…………………………………… 113
　　癸酉、乙卯、丙戌、己亥。…………………………………… 114
　　癸酉、戊午、丁巳、戊申。…………………………………… 115
　　戊寅、甲寅、丁未、辛丑。…………………………………… 116
　　己丑、壬申、丁酉、辛丑。……從財格……………………… 117
　　辛丑、庚寅、戊子、壬子。……坤造………………………… 118
　　辛亥、庚寅、戊辰、癸亥。……父母品質不佳……………… 119
　　乙未、庚辰、己酉、癸酉。……坤造。從兒格……………… 120
　　戊子、辛酉、己酉、庚午。……坤造………………………… 121
　　辛巳、辛丑、庚辰、乙酉。……早歲寒微…………………… 122
　　己卯、丙寅、壬午、己酉。…………………………………… 123
　　甲申、甲戌、癸亥、壬子。……坤造………………………… 125
　　甲戌、丙寅、癸亥、己未。…………………………………… 126

父母緣薄 …………………………………………………… 128
〔緣薄總論〕…………………………………………………… 129

〔遺腹子命造〕..................146
　戊午、甲寅、甲辰、癸酉。……遺腹子……146
　壬戌、辛亥、戊午、丙辰。……遺腹子……148
　丁亥、壬子、癸酉、丙辰。..................150

〔早年喪父命例〕..................152
　乙未、甲申、甲子、庚午。……坤造……152
　甲辰、乙亥、甲子、丁卯。……坤造……154
　壬午、乙巳、甲辰、辛未。..................156
　戊戌、戊午、甲戌、乙丑。……從財格……158
　乙巳、乙酉、乙丑、甲申。..................159
　丙辰、庚寅、丙午、壬辰。..................160
　庚午、癸未、丙戌、戊戌。..................162
　甲寅、甲戌、丙戌、乙未。..................164
　丙申、庚子、丁巳、己酉。……坤造……166
　乙未、己丑、丁丑、癸卯。……坤造……168
　丙申、己亥、丁酉、壬寅。……坤造……169
　丁酉、己酉、戊子、丙辰。..................171
　己酉、戊辰、戊午、丁巳。……坤造……173
　壬戌、壬寅、戊午、己未。……坤造……174
　辛卯、庚子、戊戌、癸丑。..................176

戊戌、甲寅、己未、己巳。……坤造…………177
癸巳、己未、己未、甲戌。………………………179
辛丑、庚子、己亥、甲子。……從財格………181
庚戌、丙戌、庚戌、丙子。………………………183
丁丑、乙巳、辛丑、乙未。……坤造…………185
丙申、戊戌、辛酉、庚寅。………………………187
丁巳、辛亥、癸酉、壬戌。……坤造…………189

〔早年喪母命例〕……………………………………192
辛卯、丙申、甲辰、丁卯。……坤造…………192
戊寅、戊午、甲午、丙寅。……從兒格………194
壬戌、戊申、乙丑、壬午。……坤造…………195
乙未、己卯、乙亥、戊寅。……坤造…………196
癸未、癸亥、丙子、丙申。………………………198
庚子、丁亥、丙寅、辛卯。……坤造…………199
庚戌、庚辰、丙辰、甲午。……坤造…………201
丁亥、壬寅、戊寅、乙卯。……10歲喪母……203
丁未、癸丑、己卯、辛未。………………………205
丙子、壬辰、己未、丁卯。………………………206
丙申、庚寅、己酉、乙丑。……坤造…………207
己丑、辛未、庚子、甲申。……坤造…………209

甲申、乙亥、庚寅、癸未。……坤造……………………211

　　甲辰、庚午、辛亥、戊戌。……坤造……………………213

　　甲午、丙寅、壬子、丙午。……7歲喪母………………215

　　庚子、丁亥、壬子、丁未。……坤造……………………216

　　乙卯、甲申、壬辰、辛丑。……坤造……………………218

〔父母雙亡命例〕……………………………………………220

　　丙戌、甲午、甲寅、壬申。……坤造……………………220

　　乙巳、壬午、乙未、癸未。……坤造……………………222

　　辛亥、壬辰、庚寅、甲申。………………………………224

　　辛卯、辛卯、辛卯、辛卯。………………………………226

　　壬子、丙午、壬子、丙午。………………………………228

　　癸未、癸亥、壬子、戊申。………………………………229

　　壬子、辛亥、癸卯、庚申。……坤造……………………231

　　戊戌、戊午、癸亥、戊午。……坤造……………………232

〔父母離異命例〕……………………………………………234

　　戊寅、辛酉、甲子、庚午。………………………………234

　　戊申、癸亥、甲辰、戊辰。……坤造……………………236

　　甲寅、庚午、丙戌、戊戌。……坤造……………………237

　　丙戌、乙未、丙午、丁酉。………………………………238

　　丁丑、甲辰、丙戌、癸巳。………………………………240

壬午、庚戌、戊寅、辛酉。……坤造……………… 241

庚申、乙酉、辛丑、戊子。……坤造……………… 242

壬戌、壬寅、壬申、庚子。………………………… 244

癸酉、辛酉、癸巳、戊午。……坤造……………… 245

乙未、甲申、癸酉、乙卯。……坤造……………… 246

辛未、丁酉、壬辰、戊申。……坤造……………… 247

〔出養命例〕………………………………………… 248

癸亥、己未、甲午、庚午。………………………… 248

甲申、癸酉、甲申、辛未。……坤造……………… 249

癸酉、壬戌、甲戌、乙亥。……坤造……………… 250

甲申、癸酉、乙巳、丁丑。……坤造……………… 252

丙午、壬辰、乙巳、甲申。………………………… 253

戊寅、戊午、乙巳、戊子。………………………… 254

甲子、甲戌、丙申、丁酉。………………………… 256

壬午、辛丑、丙寅、丙申。……坤造……………… 257

戊子、甲寅、丙申、辛卯。……坤造……………… 258

己巳、丁丑、丁丑、丁未。………………………… 260

戊戌、乙丑、丁未、辛丑。……坤造……………… 261

戊寅、甲寅、丁酉、甲辰。………………………… 263

己丑、丙子、丁酉、辛丑。……坤造……………… 265

丁酉、己酉、戊申、戊午。···266

丙申、壬辰、己巳、丙寅。······坤造·····························268

壬申、己酉、庚子、庚辰。···270

壬辰、甲辰、辛巳、壬辰。······坤造·····························272

丁丑、己酉、壬戌、壬寅。······坤造·····························274

甲辰、丁丑、癸未、壬子。······坤造·····························276

〔私生子女命例〕···278

庚戌、壬午、乙亥、甲申。······私生子·························278

丙戌、癸巳、乙酉、壬午。···280

癸丑、己未、丙子、戊子。···282

戊辰、庚申、丙辰、己亥。···284

丁卯、丁未、己巳、己巳。···286

壬寅、壬子、丁酉、辛丑。······坤造·····························288

己卯、戊辰、壬子、乙巳。······私生子·························289

丁巳、壬子、癸丑、甲子。······坤造、棄嬰··············291

壬戌、辛亥、癸亥、丁巳。······坤造·····························292

〔父母刑剋無緣命例〕···294

戊寅、丁巳、甲辰、丁卯。···294

壬辰、癸丑、乙丑、庚辰。······坤造·····························296

乙亥、乙酉、乙酉、乙酉。······忽必烈·························298

壬寅、丁未、丙子、壬辰。……坤造……………………… 299
辛卯、辛丑、丁丑、辛丑。……坤造……………………… 301
丁未、庚戌、丁卯、甲辰。……坤造……………………… 302
乙巳、丁亥、丁亥、丁未。………………………………… 303
丁亥、辛亥、己巳、丁卯。……坤造……………………… 304
戊子、壬戌、庚子、壬午。……坤造……………………… 305
戊辰、丁巳、庚寅、癸未。………………………………… 306
戊申、甲寅、庚午、戊子。……坤造……………………… 308
丙午、庚寅、庚申、癸未。……坤造……………………… 310
戊戌、乙丑、庚戌、戊寅。……坤造……………………… 311
壬寅、癸卯、辛巳、丙申。……坤造……………………… 313
癸未、辛酉、壬寅、甲辰。………………………………… 314
癸酉、辛酉、癸巳、戊午。……坤造……………………… 315
戊子、辛酉、癸酉、甲寅。………………………………… 316

論兄弟姊妹……………………………………………… 317
〔兄弟姊妹總論〕………………………………………… 318
〔命局顯象斷兄弟姊妹〕………………………………… 325
〔論兄弟有無與多寡〕…………………………………… 327
〔兄弟姊妹數量之斷〕…………………………………… 333

命局現比劫斷數量。……僅供參考 ……………………… 333

〔論兄弟姊妹的命例〕…………………………………… 335
　辛卯、甲午、甲午、○○。……………………………… 335
　丙午、戊戌、乙卯、丁丑。……………………………… 336
　丁亥、壬寅、丙子、丁酉。……………………………… 337
　癸巳、戊午、丙午、庚寅。……………………………… 338
　乙巳、丙戌、戊子、乙卯。……………………………… 339
　辛卯、辛卯、戊辰、庚申。……………………………… 340
　戊辰、辛酉、己丑、乙亥。……………………………… 341
　庚戌、庚辰、庚辰、辛巳。……坤造 …………………… 342
　甲辰、甲戌、庚戌、丁亥。……坤造 …………………… 343
　乙巳、辛巳、庚戌、癸未。……………………………… 344
　癸巳、丁巳、辛酉、戊子。……孿生子 ………………… 345
　庚寅、己丑、辛亥、戊子。……………………………… 346

〔孿生多胞的命例〕……………………………………… 347
　庚子、戊子、甲申、庚午。……三胞胎命造 …………… 347
　辛巳、戊戌、丁卯、丁未。……雙生子 ………………… 348
　壬午、丙午、丁未、戊申。……坤造 …………………… 349
　丙申、丙申、己丑、癸酉。……龍鳳胎 ………………… 350
　丁亥、甲辰、己亥、丙寅。……坤造 …………………… 351

戊戌、甲寅、辛巳、己亥。……………………………… 352

癸巳、丁巳、辛酉、戊子。……孿生子 ………………… 353

乙丑、乙酉、庚午、己卯。……………………………… 354

己未、庚午、壬子、壬寅。……孿生子 ………………… 355

庚子、戊子、癸巳、己未。……龍鳳胎 ………………… 356

出身與情緣

〔總論六親〕

◎ 看命,首重原局〔**四柱八字**〕結構,此是基礎大局;大局既定,然後看〔**歲運**〕定流年吉凶。

〔旁註:一個人出生後,是富家子弟,還是孤苦伶仃,抑或過養重親,在原局年月兩柱中已有跡可尋;至於什麼時候應驗,則看流年與大運來決定〕

◎《子平真詮》曰〈**人有六親,配之八字,亦存於命**〉。六親之名,由來甚古,義簡而賅;漢代京焦說卦,**以剋我為官鬼,我剋為妻財,生我為父母,我生為子孫,同氣為兄弟,並本身為六親**。命理之配六親,實脫胎於此,名目雖殊,其理則一。

◎ 看六親離不開〔**星**〕和〔**宮**〕。基本上,依訣:〈**緣深緣薄從星看,聚離死別向宮尋**〉

◎ 若某六親星不現命局,則主該六親和命主緣薄,是明顯的疏遠或不熱絡。

〔旁註:例如:偏財為父親、正印為母親……〕

◎ 論六親感情,以六親星為主;換句話說,論緣分以及某六親在命主心目中的份量,就以六親星五行的旺度和遠近為主。若是喜用神,論該六親感情熱絡、有助力;若是忌

神，即使旺度夠，亦是不熱絡、且無助力。

〔旁註：例如，偏財與正印的旺度夠強，則其很在意其父母，也就是有孝心〕

◎ 以六親星是否貼近日主，論密切或疏遠。

〔**日支、時干、月干**〕緊貼〔**日主**〕，所以關係密切；〔**月支**〕也算密切，〔**年干及時支**〕則關係比較隔閡，〔**年支**〕則很是疏遠了。

◎ 以六親星在命局上的多寡及旺度斷影響力。若某六親星在命局中最旺，我們可斷該六親對命主的影響力最大。

◎ 若有〔**會合**〕或〔**生剋制化**〕，仍要看其變易或羈絆，再作最後論斷。

〔旁註：六親星若見刑剋，則是與該六親緣薄〕

論斷六親的品質。……

● 〔**品質**〕指〔**外表、談吐、學歷、修養、氣質**……〕，一般以〔**四柱宮位的喜忌**〕論斷；干支均是喜用，則品質佳；若一喜一忌，論持平；干支均忌則品質差。

● 〔**年柱**〕斷父母親的品質、〔**月柱**〕斷兄弟品質、〔**日支**〕斷配偶、〔**時柱**〕斷子女。

● 若有〔**會合**〕或〔**生剋制化**〕，仍要看其變易或羈絆情

形，再作最後論斷。

論斷六親的助益。……

- 通常以〔**宮位六親星**〕所臨值〔**喜忌**〕為斷。
- 四柱論六親，〔**日干**〕為命主本身，〔**日支**〕為夫妻宮；
  〔**年支**〕論父母宮，〔**年干**〕為父、〔**年支**〕為母；
  〔**月柱**〕為兄弟宮，干為兄、支為弟；
  〔**時柱**〕為子女宮，〔**時干**〕為子、〔**時支**〕為女。
- 〔**喜用**〕論為有助益力，〔**仇忌**〕則無益助力。
〔旁註：例如印為喜用則命主多受蔭護。正財論妻為喜用，則斷妻賢而多有助力〕
- 若有會合或生剋制化，仍要看其變易或羈絆情形，再作最後論斷。

六親個人的性情與運勢。……

- 主要依六親星坐下〔**十二運**〕來斷其運勢。
〔旁註：通常主論日主出生之時的該六親氣運。例如偏財坐下為絕，則命主出生時父運不揚〕
- 又依〔**六親星同柱之神煞**〕而斷其運勢。例如：偏財有天乙貴人同柱，斷父親在命主出生時有榮華之機運。

〔旁註：偏財若是喜神，更驗〕
- 若是同樣六親星重疊出現，或是神煞不一，則可對照年月柱干支喜忌及大運第一柱，用來判斷其真正運勢如何。

【劉貪按】

◎ **本冊專論前半生之出生情緣，論述聚焦於〔祖上父母、兄弟情緣〕，並未囊括後半世自營人生所產生者；〔夫妻情緣〕以及〔子孫情緣〕之說，將另冊專論。**

〔總論出身源頭〕

◎ 己之所出，即是**出身**，為人之根氣，來自**祖先父母**；論祖上父母之後，方才延伸到旁支的**兄弟姊妹**。
◎ 從一個命式論斷**出身**，主軸在命主與**原生家庭**的關係；大約包括幾個範圍：
   ① 原生家庭與祖先的狀況，富貴、一般、貧賤？
〔旁註：貧賤乃與富貴對應而言，貧賤指出身不佳〕
   ② 與祖上及父母的緣份，緣厚？緣薄？
〔旁註：**祖上**，包括祖地故鄉與祖墳、世系之傳承、祖父母之身份地位、祖業之有無。與祖上的緣分，若

〔總論出身源頭〕 021

是厚實,則傳承世系名位,或承續得享祖位祖業;即使外地另立基業,亦是常返故鄉祖地,或遙掌家族事務。與祖上緣薄,則多離鄉而不返、他處立基;不僅不能承續祖業祖蔭,甚至出嗣改姓、他處尋蔭,或終老他鄉〕

〔旁註:**父母**,緣分主軸在是否受到貼身照蔭;

父母緣厚,則父母身健有壽、情感綿密溫煦,對命主的助力蔭護不會少。

父母緣薄,則或遺腹子、或私生子女,或出嗣出養,或父母離異,或早年父母雙亡、早年喪父、早年喪母,或父母貧賤病弱無助,或父子母女感情疏離、虐待相刑、形同陌路,或早年獨立自主、離家出外就業就學〕

③ **兄弟姊妹的關係與緣份:**

獨生子女?兄弟姊妹多寡?本身屬於孿生或多生?兄弟姊妹緣厚緣薄、助力或忌恨拖累?

〔旁註:兄弟姊妹之間的緣薄,可能是分離不能相聚,或有人出嗣夭折,可能相聚不分卻感情不睦、相爭相鬥相煎熬〕

◎ 人之一生,概分四段時期,以四柱分論,有〔**根、苗、**

花、果〕等四個階段。

年柱〔**祖上宮**〕為〔**根**〕、月柱父母宮為〔**苗**〕，

日柱是〔**命主本身**〕和〔**夫妻宮**〕是〔**花**〕、

時柱〔**子息宮**〕為果。

年月兩柱論限運屬〔**前半世**〕，純屬承襲栽培之時段。

日時兩柱論限運屬〔**後半世**〕，方是命主自營的人生。

〔時〕	命主	〔月〕	〔年〕
○○果〔子息〕〔歸宿〕	○○花〔夫妻〕〔本身〕	●●苗〔父母〕〔門戶〕	●●根〔祖上〕〔祖基〕
49～	33～48	17～32	1～16

〔旁註：論**限運**，年柱1～16歲、月柱17～32歲，乃出生並接受栽培的時期，離不開祖上父母。月令為門戶，過了這個門戶時期，方才真正獨立、脫離父母主導的前半世〕

〔旁註：年為祖上宮、月是父母宮，細分則月干論父宮、月支是母宮；論出身，必須聚焦於年月柱〕

◎ 生命的前十年初運時期，交疊年柱祖上宮限運，初運對命局四柱的生剋沖合，又透露命主與根源祖先的緣分的深淺厚薄。
◎ 若論兄弟姊妹，年歲多跟命主相近，成長期相近、限運之行也不會相隔過遠，都不能脫離父母之蔭護，
因此〔**兄弟宮**〕與〔**父母宮**〕同位，
月柱〔**父母宮**〕即是〔**兄弟宮**〕。

【劉賁按】

◎ 一個人的前半生，幼少青年成長時期，命局上就是年月柱根苗限運時期，根苗深淺、蔭護厚薄，即是出身。
◎ 論出身，主要是看命主與祖上父母的緣分，自應聚焦年月兩柱之〔祖上宮〕與〔父母宮〕；該限運時段若是根深苗秀，自然利於後世的成長；如若根淺苗荵，則基礎不佳，端看後世另立基業。
◎ 年月柱祖上父母宮，固然顯示出身之良窳，然緣分厚薄與是否得享，仍須查察喜忌。因此，仍須以四柱總論格局喜忌。

〔祖上父母情緣〕

◎ 論星辰，**財星為父、印星論母**；然而財星通論〔**六親情緣**〕，又主〔**男命妻妾**〕；印星廣義〔**蔭護**〕，父母俱是屬於〔**印星**〕的範圍，難以〔**財印**〕逕指〔**父母**〕，因此星辰宜參考〔**宮位**〕。

◎ 論宮位，〔**年柱**〕為祖上宮，是命主〔**1~16歲**〕限運；〔**月柱**〕為父母宮，是命主〔**17~32歲**〕限運；年月屬〔**前半生**〕，是幼少青運與父母相處之時段，從年月以觀〔**早歲之家族情緣**〕。凡年月有〔**相剋、相沖、相刑，或伏吟**〕之現象，則家族情緣有變、多離祖過房之事。

◎ 論與父母祖上之緣深緣淺，包括：**命主父母之壽長壽促、幼運蔭護之良窳，以及關係之親密或惡劣。**

〔旁註：父母壽長則相處時間長，自是緣深；命主前面幼運，若是父母運佳，自是受到蔭護為善緣；若是父母運蹇、對命主之照顧不足，或父母離異離家，甚至父母之一不存或雙亡，或命主本身出嗣、為人養子，在在均使命主失怙顛沛，自是與父母原生家庭緣淺〕

〔旁註：此外，亦有父母子女關係惡劣，或命主少小離家，自尋財情，亦是緣淺〕

◎ 命主〔**受父母影響之深淺**〕，依〔**財印旺衰**〕，
以及〔**四柱結構**〕推斷。
命局財多，父親對命主的影響力大；
命局印多，母親對命主的影響力大。
◎ 命主〔**與父母之緣深緣薄**〕，要看〔**財印之喜忌**〕；聚焦〔**年月為主**〕，兼看〔**第一二柱大運**〕。
◎ 幼年行〔**身旺比劫運**〕，容易早年喪父。
〔旁註：原局已見身旺財衰，歲運若見比劫祿刃，必動剋財星，財星容易剋減〕
〔旁註：未上運前，直接以流年干支入命論生剋沖合；已上運則論第一二柱大運並流年〕
◎〔**年干**〕亦可論〔**祖父**〕，〔**年支**〕論〔**祖母**〕；年干為喜神、年支為忌神，多半祖父壽長於祖母；反之，則是祖母壽長於祖父。
〔旁註：若是喜神，就比較有緣，相處會比較久〕
◎〔**月令逢沖**〕，多主〔**父母早喪**〕或〔**單親**〕，或〔**早年兄弟分離**〕。
〔旁註：月柱是父母宮、兄弟宮，又主幼少期之生活；月令逢沖剋，則必家境不安、難得照顧，多是失怙，常見父母離異或兄弟有過房之事〕

父母的品質、條件與助益力。……

- 年柱和月柱論父母的品質與條件。
  年月柱出現為喜用,父母的品質與條件多半不差;
  年月柱忌神,則父母的品質與條件必然較差。
- 母親看正印,偏印兼看;無正印,以偏印論母親;
  父親看偏財,正財兼看;無偏財,以正財論父親。
〔旁註:年月若見財星必指父親〕
- 年月柱出現皆為忌神,且正印或偏財亦為忌神,
  則父母的品質條件既差,又對命造無助益。
- 年月柱出現皆為忌神、正印或偏財為喜神,
  則父母的品質條件雖差,但對命造確有相當助益。
- 年月柱出現皆為喜神、正印或偏財也是喜神,
  則父母的品質條件既好,又對命造有相當的助益。
- 以命局財印是否喜用有力斷父母品質及助益。
  正偏財為忌神,父親對我多無助力;
  正偏印為忌神,母親對我多無助力。
  若印星生旺為喜,必主母親賢慧、自身得到母蔭;
  財星務要生旺有力,方主父親有作為、有成就;
  又要為喜,本人才可能叨受蔭福。
〔旁註:男命偏財為父、正印為母,女命正財為父、偏印

為母。然又不可拘泥，許多時候不必逕分正偏財與正偏印〕

〔旁註：年月見財星為忌而壞印，論父親敗壞祖業〕

〔旁註：如果正印在命局中最旺，母親對我影響力最大。若是忌神，則母親對我不但無甚助益力，甚且有害；例如過份干涉或受到拖累〕

- 命局正印明現而逢財剋，若再加傷官多，可論母親多情多慾。

〔旁註：正印為母親，轉換太極，則傷官是母星的偏財、財星則是母星之正偏夫；**傷多生財**即是正印之**偏財旺而生殺**；偏財則情感氾濫、七殺則多偏夫〕

- 財星在年月逢合，代表父親心思外向、外緣佳。

〔旁註：古論〈**偏財作合，主父不正**〉〕

印星若逢合，代表母親心思外向、外緣佳。

印坐沐浴桃花，主母親情慾重；若印星合多，則主母親有外情而風流。

〔旁註：古人以女人內靜為佳，女人外向則多淫亂〕

〔旁註：多合則外緣佳，坐下即是其心性〕

- 以印星坐下神煞或十二運可斷母親之屬性。例如：印坐長生，主母親長壽；若是用神，則母親慈惠賢淑。

〔旁註：長生主氣息方生未艾，來日方長〕
- 若印坐陽刃，則母體洩重，必身弱而多病。

〔旁註：陽刃即是印星之煞地〕

〔獨白：凡刃俱是刑傷，羊刃飛刃同論〕
- 印星坐下墓絕無氣或有孤寡之類的惡煞，主母親不賢，或論多病殘疾。

〔旁註：墓絕無氣則氣虛，難以處理家務；若是孤寡，脾氣亦是孤僻〕

- 正印或偏印坐下為**長生、冠帶、胎、養**，
  母親多半較慈祥。

- 正印或偏印坐下為**帝旺、建祿、墓**，
  母親多半較精明能幹，或者比較尖銳。

- 正印或偏印坐下為**長生、冠帶、臨官、帝旺**，
  母親之運勢多半屬佳。

- 正印或偏印坐下為**死、墓、絕、衰、病**，
  則母親之運勢多半較差。

- 母親星坐下神煞如是**天乙、天德、月德、將星**……等吉神，母親較有榮華之機運。
  若是**五鬼**之類的惡煞，則多半沒有榮華之機運。

〔命局全局顯象〕

◎ 身旺，財為喜神，不逢比劫剋破，父子情深。身弱，財為忌神，父子緣薄。身旺，印為忌神，母子情薄。身弱，印為喜神，不逢財星剋破，母子情深。

〔旁註：財星既主六親情緣、亦是父星；
命局若是比劫太旺，則財星難有立足之地。
日主祿刃根深而旺，必剋財星，
多見心性剛健我執，對親情多見壓抑堅忍；
換句話說，多剋六親情緣，尤其是父親〕

◎ 父星及母星若出現在〔**日支、時干、月干**〕，則父母和日主關係密切、對命主影響力大。父母星是喜神，是好的關係與影響；若是忌神，則是壞的關係與影響。

〔旁註：財印越是貼近日主，父母影響力越大〕

◎ 〔**財強印弱或財多印少**〕，父強母弱，家中父作主；反之，〔**印旺財衰**〕，則母強父弱、家中母作主。

〔旁註：正印比偏財旺，則多半母親精於父親，或母壽長於父親，然還是看喜用神比較準〕

◎ 〔**身旺而財透印藏**或**身弱而印透財藏**〕，父母均壽。

〔旁註：財印干支不互見又不同柱，則財不剋印。父母壽

長則相處時間長，即是緣厚〕

〔**獨白：財印不雙透或不雙雙明現，甚至財印入庫，即是財印不相剋，基本上就是父母有壽。有江湖流派口訣；天干無財，地支財星入墓，與父緣薄或早剋；天干無印，地支印星入墓，與母緣薄或早剋。並不正確**〕

◎ 〔**印綬逢長生而為喜用**〕，母親慈慧賢德。

◎ 印為喜，命主和母親的緣分厚，意謂母壽長於父壽。即使命局中不明現，也是同論。

〔旁註：印星不明現，反而不易遭逢財星來壞印〕

◎ 身主偏弱而殺旺，〔**以印化殺生身為用**〕，母必慈慧。

〔旁註：印強旺而不得其用，可論母壽，然慈慧則未必〕

◎ 命局見比劫強旺、偏財衰弱，若無明現沖剋，主父親體弱多病、難以為靠；比劫過多為忌，甚至明剋財星，則父親早走。

〔旁註：若在年月，多見與父緣薄，或父親疾病傷殘。
若財星逢比劫近剋貼沖，或偏財與比劫同柱，則多主父親早死而緣薄〕

◎ 印為喜，然命局無印或只藏於長生墓庫餘氣中，微而不顯，必與長輩緣薄、缺乏長輩的恩惠與助力。

〔旁註：印是喜神，就比較有緣，相處會比較久；缺印則母親在我生命中不佔份量，

不是緣薄早剋，即是聚少離多。

年月主幼少運，印主長輩蔭護；

命局無印，自然年月亦是不現，必幼少缺蔭護〕

◎〔**正偏印雙透**〕，命主通常有過繼給人，或有養母繼母。

〔旁註：印就是蔭，也就是照顧；正印來自生母及原生家庭，偏印是寄養家庭、養母或繼母〕

◎〔**命局財星太旺**〕，則多剋母，是與母緣薄之義；然若見官殺通關，則又不剋母、反主母親有壽。

〔旁註：官殺能化財生印，反論與母緣厚〕

◎〔**命局見財星剋印**〕，母親對命主的影響小，也可能缺乏母愛或父愛。

〔旁註：印星即是蔭，泛論父母長輩〕

◎ **命局財星虛浮無氣，更見偏財在年月逢比劫近剋，或貼冲或同柱**，多主父親早死而緣薄。

◎ 財星不現，與父緣薄，或父親對命主的影響小。**若財星僅見於地支辰戌丑未四庫中之餘氣**，除論與父親緣薄之外，也可能指父親早死。

〔旁註：財星主情緣，在前運多主父親；命局缺財，

六親緣薄，尤其父親在我生命中不佔份量。

尤其男命，年月正印明現而偏財庫藏為然〕

◎ **印旺而財星不見，或財星現年月而空亡**，多主與父無緣；昔時多見隨母改嫁，今則多見父母離異而從母。

◎ **命局僅有一粒財星或印星，卻又逢合**，主遭遺棄或聚少離多，亦是緣薄之義。

〔旁註：單財單印逢合，其情其心必不向我。尤其年月天干財印逢五合，古論〈**不為父親送終**〉〕

〔旁註：財逢合則與父無緣，印逢合則與母無緣。通常是父母之一再婚而把我遺棄〕

◎ **財格，有官引化而不壞印**，父必富貴、母定賢淑，而且本人多壽。

〔旁註：月令正偏財，先天懸念六親情緣；財坐父母宮而不壞印，父輩必有財祿；若更見財官相生，官祿亦有〕

◎ 凡**專旺格**，比劫必重而暗剋財星，與父緣薄。

〔旁註：專旺通論不能見財星，見則不論專旺〕

〔旁註：身旺財弱，若非背井離鄉，則聚少離多，亦有可能情深而有憾〕

◎ 凡**從財格**，財星必重而暗剋印星，與母緣薄。

〔旁註：從財格通論不能見印星，見則不能論從〕
〔旁註：從財格若非背井離鄉、另尋蔭護，則聚少離多，
　　　　亦有可能情深而有憾〕

〔年月比劫主象〕

◎ **年月多見比劫而財星不顯**，主父親早逝。
〔旁註：年月柱為前半世，不見財星則與父無緣；年月比
　　　　肩透干，必早年獨立自求財情〕
**〔獨白：財星主六親情緣，年月財星多指父親；年月財星不
　　　　顯則與父緣薄。事實上年月地支若見財星，必是蓋
　　　　頭之剋，仍主父親早逝〕**

◎ **年干月干為比劫**，不利父，通常是剋父顯象。
〔旁註：年干月干為祖父或父親之位，財星為父親。
　　　　比劫佔財星的先天位置，是暗剋財星的顯象〕

◎ **若見比肩坐祿或地支三合劫局**，則財星必受剋；與父無
緣，也可能父親體弱多病、甚至傷殘。
〔旁註：地支三合劫局，財星必衰，甚至財星被合化，
　　　　必然與父無緣，包括父死、出嗣，或少小離家〕

◎ **祿刃為格。**古書論〈**祿刃之格，難招祖業、離鄉背井、自創前程、自立更生**〉，乃因比劫俱是剋財抗官之物，其特性是與原生家庭緣薄、破祖離家、是自立自強、出外創業、白手起家的格局。

◎ **建祿格**，自立自強之命；若再見比劫則必身強，若財官不現或太弱，則祖蔭無靠。
〔旁註：比肩祿神本是自求食祿財祿之神，
　　　　佔月令則暗剋父母宮財星，與祖上父母無緣；
　　　　命局財官不現則六親家庭緣薄，年月是幼運，
　　　　自幼無六親情緣照顧，必須自立自強〕

◎ **月令陽刃**為月刃格，自立自強之命，多與父妻緣差；餘支若再見刃，易有意外破耗凶災。
〔旁註：財星是六親情緣，尤指父妻。月令是劫財陽刃，
　　　　先天屬性暗剋財星，多見對六親傷痛之堅忍，
　　　　尤其月柱是父母宮，與父親先天無緣〕

◎ **祿刃為格、不見財官**，多主父親離家而死於外地。
〔旁註：月令祿神值位，多是身旺而剋財，多與父無緣；
　　　　命局不見財官，財為父、官為家庭與管教〕

◎ **祿刃為格，年月兩柱見比劫剋財。**確定剋父剋親，多是少年失怙，甚至不見嚴君面。

〔旁註：財為六親情緣，官為組織，包括家庭及宗族；
　　　　月柱是父母宮，又代表父母的產業。
　　　　月令為比劫祿刃，既剋財星，又佔住父母宮，
　　　　因此與父母六親及祖業無緣〕

〔旁註：年月柱是命主青少幼運，明見剋財即是剋父顯
　　　　象，自立自強是命中必然的道路了〕

〔旁註：年月柱為命主前運，財星主父親；
　　　　比劫旺透、財星必弱，意謂命主六親緣薄、
　　　　欠親憐愛，少小即獨立自主；比劫旺剋財星，
　　　　父親難存，所以早剋，甚至是遺腹子〕

〔年月財星主象〕

◎ **月透財星為忌神**，輕則不受父母之庇蔭，重則受父母連累之害。

◎ **年月現財星旺而印星死絕**，論早年即與母親無緣，多母親早死；今則多見父母離異而從父。

◎ **年支月支為財星**，不利母，通常是剋母顯象。常見母親早喪或與父親早離異。

〔旁註：年支與月支為祖母或母親之位，印星為母親，財星佔住印星的先天位置，是暗剋印星的顯象〕

〔旁註：月支是母宮，是正印的正位。地支主家族內部，年月地支俱見財星，必暗剋印星，母印難存。見財則與父緣厚，不見印星則與母緣薄。年月柱為前半生，故言早年剋母〕

◎ **財現而死絕無氣**或**財星單一現年月**，父親無啥作為，平常而已，我不得父力。

〔旁註：財星務必天透地藏方始有力〕

〔旁註：月干父宮是財星正位，忌神值位則緣薄，父親對我無助力，甚至是我的負擔。天干乃眾人可見，鄰里都知道〕

◎ **年月明見財星逢沖剋**或**逢比劫同柱蓋頭或截腳**，俱主父運不佳、與父緣薄，命主必須早年獨立；甚至與父或母緣薄，常見父母早喪。

〔旁註：財星為六親情緣，比劫剋財主有親情之堅忍〕

〔旁註：正偏財均論為父星，年月柱正偏財被喜用削弱或被仇忌加強，與父親緣分薄；反之，被喜用加強，或被仇忌削弱，則與父親緣分厚〕

〔旁註：年月主幼運，年月財星逢沖剋，多見父親早逝〕

〔旁註：干透財星而坐下比劫就是逢截腳，為財臨殺地，主父死而不能送終。男命以偏財為明顯，例如庚以甲為父，甲坐申支〕

◎ **身弱而財星坐下七殺為忌**，父星盡洩，主父親容易因意外而凶亡。

〔旁註：財星化殺，父親為我生命的壓力來源〕

〔年月印星主象〕

◎ **印在月柱為喜用**，且幼運不悖者，必得父母寵愛，福蔭甚厚。

〔旁註：印即是蔭，尤其落在月支母宮，更是先天得蔭〕

◎ **印星坐官殺或印星**，即使財星為鄰，亦主父母均壽。

〔旁註：有官殺生印，或印星干支同氣，不會被剋盡〕

◎ **月上印臨死絕，或用印而逢破**，父母不全或難得父母庇蔭。

◎ **印星在年月逢坐下財星截腳**，母親身弱有病。
〔旁註：母星明現不見財星之剋，母親還在〕

◎ **年月若見正印而全局財星不現**，必與父無緣，很可能是母親未婚生子。

◎ 年月若財印同現，不可交差；若見印逢沖剋，或明見印星逢財星刑剋，則與母緣薄。
〔旁註：刑剋即是無緣、關係惡劣或斷絕，亦主分離。
　　　年月柱正偏印被喜用削弱或被仇忌加強，
　　　與母親緣分薄；反之，被喜用加強，
　　　或被仇忌削弱，則與母親緣分厚〕

〔旁註：財印為鄰或財印同柱或父母隔角，其一早剋。
　　　財星貼剋印星，雖多見剋母；然而印即是蔭，
　　　亦泛論父母長輩，因此仍須依命局印強或財強，
　　　判斷是母早剋還是父早剋〕

〔年月官殺主象〕

◎ **年干正官坐祿或坐刃**，多是長子，有承家的使命。喜用有好處、仇忌神則無業可繼承。

〔旁註：年為祖上宮，正官即是正統。

　　　　正官坐祿刃有兩義，其一，年柱正官坐官殺，必通透有力，正統承家之地位不容置疑；

　　　　其二，正官坐下是比劫祿刃，外在可見承續，家庭族群內部則須自立作主〕

◎ **年透七殺**，多不是長子。

〔旁註：正官為家世系統的傳承，年月通常是正官長子的正位，多受祖上包容。若是七殺則是管教多於疼惜〕

◎ **地支見兩殺**，多是身為養子，自然與原生父母緣薄。

〔旁註：年支七殺，則不能承襲原生正統；

　　　　月支七殺，在新家不是正統，卻見掌權〕

〔祖蔭之有無〕

得享祖蔭。……

- 祖蔭，指祖產以及祖上的其他好處；若能得祖產，在人生旅途上，可以說是**先馳得點**，較易邁向成就。
- 日月干俱是通根於月支，則能承續祖上父母之基業，並建立己身之事業。

〔旁註：古訣〈**日通月氣**〉，例如丙日生於甲寅月，甲丙皆通根於寅。月令為母、為苗，日為己身為花，花之源於苗種，能得祖安身〕

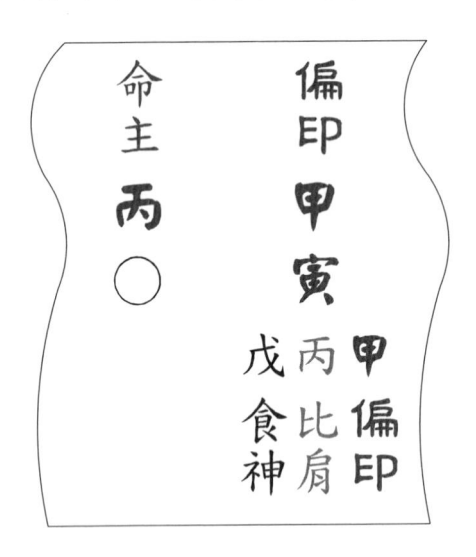

```
          偏
          印
命         甲    甲
主         寅    偏
丙 ○           印
       戊 丙
       食 比
       神 肩
```

- 年干是財星,而且是喜用神,可得祖蔭祖產。
〔旁註:年柱財星喜用,尤其自坐長生〕
- 月令為財庫且是用神,亦得父母蔭。例如:癸水日主火為財星,月令戌火庫為用神。

破祖離鄉、不得祖蔭。……

- 年月干透忌神,乃幼運不佳,無家產承繼之命。
  年柱干支俱是忌神,即見財官同論。
〔旁註:既是忌神,則不得祖宗之助力〕
〔旁註:天干忌神,必無好處可享;**年為祖上、為幼運**〕
- 建祿格不可能得祖產,年帶祿神亦是自立自強之命。尤其祿神逢沖,必得別祖離鄉。
〔旁註:月令比肩祿神,先天剋財,獨立自主之命格〕
〔旁註:年為16歲前幼運,祿神即是自求財祿之身根,年帶祿神必是早年自立尋求自身財情。財星主父,祿刃多見則剋財,意謂不得父蔭〕
- 年月比劫透干,多剋父而背井離鄉;尤其名見比劫剋財,或財星與比劫同柱。
〔旁註:年月幼少運見比劫,必明剋或暗剋財星;
　　　　財星為父、為六親情緣,逢剋則有情緣之堅忍;

既是不得父祖情緣照顧，自必主早年獨立、自求情緣；年月是幼運居處，亦即故鄉〕

- 年月七殺，比劫重重，祖業無寸土，且命主別離故鄉；尤其七殺忌神又見刑剋，更是離祖過嗣之客。

〔旁註：年柱七殺則命主多不是長子、不能承襲祖業；尤其七殺亡神相併，必無祖業〕

〔旁註：刑即是怨憝，年月逢刑傷，即是與祖上或原生父母無緣〕

〔獨白：年月通常是正官長子的正位，多受祖上包容，若是七殺則是管教多於疼惜〕

〔旁註：比劫多見必暗剋財星，命主必須獨立自主；年月透比劫，多見父輩賣盡田地奔他鄉〕

- 凡提綱逢沖剋，俱是不得祖蔭、敗離祖業；月日兩柱相沖、年月相沖俱是，尤其更帶驛馬而沖。

〔旁註：年柱為祖基、月柱是門戶，年月兩柱相戰，表示門戶立於祖基之外，亦是他鄉自立之命〕

〔旁註：年月兩柱為先天輪、日時兩柱為後天輪。月日兩柱相沖，則前半世與後半世之人事不相干；換句話說，即是命主之祖業在夢中，日主必須離鄉而自立〕

〔祖蔭之有無〕 043

〔旁註：年月是幼少青限運，本是受照顧宜安逸之時期；
　　　　帶驛馬則多動盪不安，更見逢沖則多顛沛了〕

● 年月天干二字連，而年月支又相沖。

〔旁註：天干二字相同則伏吟而動，地支相沖更是身心不
　　　　安而翻騰不安〕

**〔獨白：年柱為祖上宮、為故鄉或祖墳，月柱是父母宮、父
　　　　母或命主幼時住宅，相沖則無緣而離〕**

● 日時沖剋年月，不靠祖業、自立基業。

〔旁註：年月是命主必須依靠父母祖上的前半生，
　　　　日時是命主下半世，相剋則無緣。
　　　　尤其年月無財官，日時上有財官，
　　　　更是自我奮鬥成家立業的顯象〕

● 凡刃俱屬刑傷，年月若帶羊刃或飛刃，則祖上父母與命主
　相互刑傷無情，亦是破祖離鄉顯象。

〔旁註：年為祖基，年月羊刃飛刃，祖上父母帶刑傷了；
　　　　必是祖基敗退衰微、命主與祖上怨懟無緣〕

● 年月無財官，幼年又行敗運，破祖離家。

〔旁註：無財則與無六親情緣，無官則無家庭組織之庇
　　　　蔭〕

● 年月傷官或空亡，祖上貧寒，多見離祖、白手起家。

〔旁註：正官為世系，正位在年，傷官則脫出獨立；年柱空亡則不得祖輩助力，傷官剋正官，不論喜忌，俱是祖業不存或父輩離敗祖上，以致命主跟著受苦〕

● 年月透偏印，祖上貧寒、破祖離家；若更見神奪食，祖上漂泊而寒切骨。

〔旁註：偏印不是正出系統、不受正蔭，必須另尋蔭護；食神主食祿，食祿逢剋而失，必須他處求蔭〕

● 年月見印星逢剋，或印星與財星同柱。

〔旁註：財印交差則失蔭〕

〔得享祖蔭命造〕

癸丑、己未、乙亥、己卯。……。

偏財	命主	偏財	偏印
乙	乙	乙	癸
卯	亥	未◀▶丑	
乙	甲壬	乙丁己	辛癸己
比肩	劫正財印	比食偏肩神財	七偏偏殺印財
[臨官]	[死]	[養]	[衰]

得享顯象：身強印旺、年月財星喜用匯聚。

- 乙木生於偏財未月，通根時支卯木祿神，更見年透癸水偏印而日坐亥水正印，身主已不弱；然月日時亥卯未三合劫局，乃成身強之造，應以剋洩耗為喜。只能以年支丑土偏財為命局用神。
- 日主雖有獨祿，但有印星通透方身不致於過弱，印為蔭，更見年月財星喜用匯聚顯見受家世蔭護之深。

〔獨白：家族經營當鋪，靠家世而居當鋪股東〕

癸卯、乙卯、丁丑、丁未。……坤造。

〔坤造〕

七殺 癸 卯 乙 偏印	偏印 乙 卯 乙 偏印	命主 丁 丑 辛癸己 偏七食 財殺神	比肩 丁 未 乙丁己 偏比食 印肩神
[病]	[病]	[墓]	[冠帶]

（日支丑旁標註 寅，並有箭頭指向丑）

得享顯象：身主無根而印旺，年月殺印相生。

● 丁火生於偏印卯月，時透丁火比肩，然地支不見明根，年月三見偏印生身，反成身強之造，應以剋洩耗為喜。年干癸水七殺洩化於偏印，不能為用；日支丑土有月令貼剋，終取時支未土食神為命局用神。

〔旁註：命主本身無祿根，則難自立追求財情；

命主之立身，全憑印星通透之扶，

明說就是家族或母親之蔭護〕

丙寅、丙申、戊子、丙辰。……

偏印	命主	偏印	偏印
丙	戊	丙	丙
辰	子	申 ◀▶	寅
癸乙戊 正正比 財官肩	癸 正 財	戊壬庚 比偏食 肩財神	戊丙甲 比偏七 肩印殺
[冠帶]	[胎]	[病]	[長生]

得享顯象：年月殺印相生、順生日主。

- 戊土生於食神申金，通根於時支辰土比肩，天干見三丙偏印而長生於月支寅木，身主強盛，本應以剋洩耗為喜；然月日時申子辰三合水財局，地支成〔**財旺生殺**〕之勢，身主反弱，反應取印星化年支七殺為用神。
- 命局年月寅申沖，本有離祖之象；然月日時三合局，卻解了沖局；地支財局生殺、寅殺化於年干丙印；年月雙丙印順生日主。終是祖上寵愛、得享祖業。

〔旁註：天干論外在人際關係，三丙偏印受年支之生、再順生日主，父祖寵愛集於一身〕

壬戌、壬子、戊寅、戊午。……。

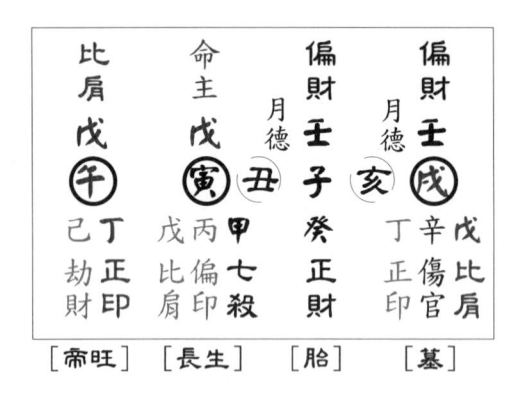

比肩 戊 午 丁己 正劫 印財	命主 戊 寅 丙戊 偏比 印肩 甲 七 殺	偏財 月德 壬 子 丑 癸 正 財	偏財 月德 壬 戌 亥 辛丁 傷正 官印 戊 比肩
〔帝旺〕	〔長生〕	〔胎〕	〔墓〕

得享顯象：年月財星喜用匯聚。

- 戊土生於正財子月，時透戊土比肩，通根於年支戌土，又時見午火正印，地支寅午戌三合火梟局，身主強而以剋洩耗為喜，以月柱壬子財星通透為用。
- 年月喜用財星旺盛，祖產必豐，得享祖蔭。年支比劫化印，其得祖母之嬌寵可知。

〔旁註：年支為祖母宮，印為長上親星〕

〔得享祖蔭命造〕

戊辰、辛酉、己丑、乙亥。……

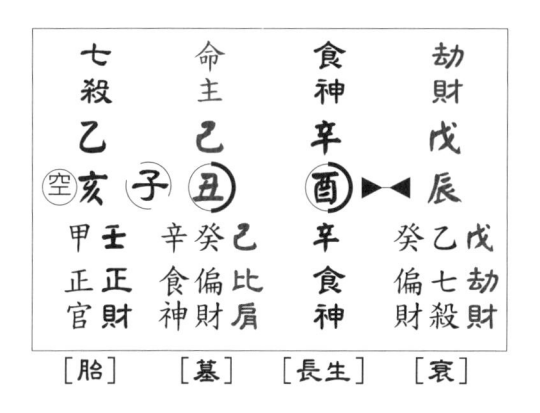

七殺	命主	食神	劫財
乙	己	辛	戊
㊀亥	㊁丑	㊂酉 ◄►	辰
甲壬 正正 官財	辛癸己 食偏比 神財肩	辛 食 神	癸乙戊 偏七劫 財殺財
[胎]	[墓]	[長生]	[衰]

得享顯象：年月劫財通透洩秀。

- 己土生於食神酉月，通根年日兩支辰丑，年透戊土劫財，但不佔月令而身主稍弱，應以比劫印星為喜，終以日支丑土為用神。
- 得祖父遺產，經營農場。

〔旁註：年柱戊辰劫財通透而暗剋財星，通常代表祖上無財貴；然劫財為喜用在年，且年月兩柱俱見來生食神，繼承農作之現象〕

壬申、丁未、己亥、辛未。……。

正財	偏印	命主	食神
壬	丁	己	辛
申	未	亥	未
庚壬戊 傷正劫 官財財	乙丁己 七偏比 殺印肩	甲壬 正正 官財	乙丁己 七偏比 殺印肩
[沐浴]	[冠帶]	[胎]	[冠帶]

得享顯象：年柱食傷生財為喜。

- 己土生於比肩未月，時支再見未土比肩，月透丁火偏印，身主均停偏旺，應以剋洩耗為喜。身主根深，不勞印生，應取財星破印為用。喜見年月丁壬合，故以年干壬水正財為用神。
- 日主出身不錯，祖上有大筆田園財產。

〔旁註：年月丁壬合，財星破印為用，財為喜用，必得祖 蔭。年干用神正財壬水自坐申金長生，祖產源源 不絕；財星通根日支亥水而通透有力，本身基業 確實獲得強力祖上蔭庇〕

丁卯、甲辰、辛卯、辛卯。……。

比肩	命主	正財	七殺
辛	辛	甲	丁
卯	卯	辰	卯
乙 偏財	乙 偏財	癸 食神　乙 偏財　戊 正印	乙 偏財
[絕]	[絕]	[墓]	[絕]

得享顯象：年月財殺相生、喜用匯聚

- 辛金生於正印辰月，時透辛金比肩，其他盡是財殺，身弱之造。月令既是印星，本是不能棄命相從，然仔細觀察，地支三卯木氣，而辰土月令、本是春季木旺之時，再加上月透甲木，辰土宜為木氣，則地支全是木星，日主比肩虛浮無根，故從財格成立，以財星為用神，七殺丁火為喜神。

- 年月財生殺，俱是喜用，出身富裕，可得祖產。

〔早離家鄉獨立命造〕

辛卯、庚子、甲申、甲子。……

	正官辛卯	七殺庚子	命主甲申	比肩甲子
	乙 劫財	癸 正印	壬 偏印 / 庚 七殺 / 戊 偏財	癸 正印
	[帝旺]	[沐浴]	[絕]	[沐浴]

大運（陰男）：
2 正財己亥 偏印
12 偏財戊戌 偏財

家世顯象：年月官殺為喜，祖上富貴、幼少受到栽培。

● 甲木生於正印子月，時透甲木比肩，俱是通根年支卯木陽刃，且時支重見子水正印；身強印旺，宜以剋洩耗為喜。月干庚金及日支申金雖是七殺通透，卻又俱化於印星，不能為用，只能以年干辛金正官為用神。

● 早年即破祖離家，難得祖蔭，得亦破耗。

〔旁註：年支卯木劫財陽刃，暗剋財星，六親緣薄〕

● 前兩柱透財星為喜，大運戊戌財星喜神通透入命，受祖產好處；唯兄弟為祖產而失和，獨身出外。

〔旁註：年支陽刃劫財忌神，暗剋財星〕

辛亥、乙未、甲申、甲戌。……

比肩	命主	劫財	正官
天德 月德 甲戌	天德 月德 甲申	乙未	辛亥
丁辛戊 傷正偏 官官財	戊壬庚 偏偏七 財印殺	乙丁己 劫傷正 財官財	甲壬 比偏 肩印
[養]	[絕]	[墓]	[長生]

**家世顯象：年干正官為喜，祖上清高。
年月三合劫局而抗官星，
則早年離祖自立。**

● 甲木生正財未月，月時比劫雙透，通根年支長生亥水，更且年月亥乙未三合劫局，身強以財官殺為喜用。終取日支申金七殺為命局用神。

〔獨白：此造為遷台第一代命造，自然無祖業可承〕

丙午、庚子、乙巳、丙子。……

傷官	命主	正官	傷官
丙	乙	庚	丙
子	巳 天德	子	午
癸	戊庚丙	癸	己丁
偏印	正正傷 官財官	偏印	偏食 財神
[病]	[沐浴]	[病]	[長生]

家世顯象：年月傷官見官，破祖離家。

- 乙木生於偏印子月，身主無根，雖時支又見偏印，終是身弱，**食傷、財、官殺**強旺之剋洩耗局，應以印比劫為喜用。終以月令偏印子水為用神。
- 綜觀全局，年月柱天剋地沖，乃是離祖之命。

〔旁註：年月柱反吟即是幼時生涯之流離不安，父母宮與
　　　　祖上宮反吟，跟隨父母離祖之顯象。
　　　　地支梟神奪食是內則打破原先食祿而另尋庇蔭，
　　　　天干傷官見官則是公然破祖離家〕

〔早離家鄉獨立命造〕

甲申、丙寅、乙丑、庚辰。……

正官	命主	傷官 月德	劫財
庚	乙	丙	甲
辰	丑	寅 ◀▶	申
癸乙戊 偏比正 印肩財	辛癸己 七偏偏 殺印財	戊丙甲 正傷劫 財官財	戊壬庚 正正正 財印官
[冠帶]	[衰]	[帝旺]	[胎]

**家世顯象：年柱正官逢沖、月透傷官，
　　　　　年月身強劫旺，破祖離家。**

● 乙木生於劫財寅月，年透甲木劫財，別無生扶，身弱之造，應以比劫印星為喜。月支寅木劫財身根為命局用神。

〔旁註：月透傷官、祖先宮年支正官逢身根之沖，
　　　　命主與祖上無緣；年月劫財身根強旺，早年獨立自主。乙日主五合時干庚金正官，則別尋貴名。
　　　　總象：早年獨立、遠祖離鄉〕

乙未、己卯、乙亥、戊寅。……坤造。

〔坤造〕			
正財	命主	偏財	比肩
戊	乙	乙	乙
寅	亥	卯	未
戊丙甲 正傷劫 財官財	甲壬 劫正 財印	乙 比 肩	乙丁己 比食偏 肩神財
〔帝旺〕	〔死〕	〔臨官〕	〔養〕

緣薄顯象：身強劫旺，印星逢合化劫。
**　　　　　建祿格、年月比肩剋財。**

● 乙木生於建祿卯月，年透比肩，通根時支寅木劫財，又見年月日亥卯未三合木劫局，更見身強，有成專旺之勢；唯月時財星雙透，不入專旺，終以普通格局身強論，勉取時干戊土正財為用神。

● 建祿格又見年月比肩剋財，必是六親無緣、早離家鄉、自立自強之命。

〔旁註：地支年月日三合，財星印星俱化於比劫身根，即是自為蔭護、自己求財，父母俱是緣薄、必須自立自強之顯象〕

〔早離家鄉獨立命造〕

戊申、己未、己丑、乙丑。……坤造。

〔坤造〕

七殺 乙丑	命主 乙丑 六秀	比肩 乙未	劫財 戊申
辛癸乙 食偏比 神財肩	辛癸乙 食偏比 神財肩	乙丁己 七偏比 殺印肩	戊壬庚 劫正傷 財財官
[墓]	[墓]	[冠帶]	[沐浴]

緣薄顯象：身強劫旺，年月比劫傷官、母宮逢沖。

● 己土生於比肩未月，又通根日時雙丑土比肩，年月干透戊己比肩，身主強旺為忌，以剋洩耗為喜。時干七殺乙木虛浮剋身，難以為用；比劫旺而無印，以年支申金傷官洩身為用神。

〔旁註：身強無印，家世不會好，自小獨立自主的格局；尤其年月比劫佔三個，必暗剋六親、六親緣薄，用神傷官在年支，且父母宮逢沖，則與父母無緣，主早年即離家獨立〕

己丑、壬申、己亥、丙寅。……。

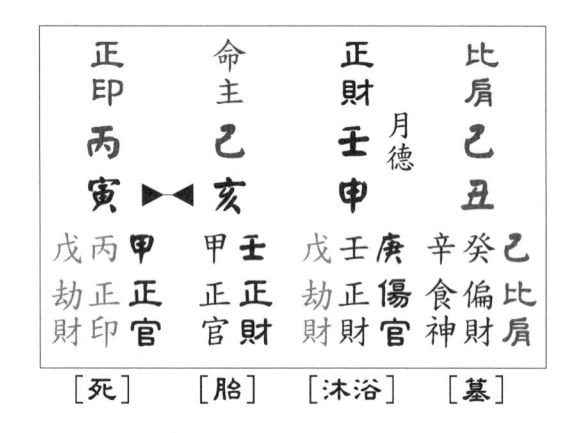

比肩 己丑	正財 壬申 月德	命主 己亥	正印 丙寅
己比肩 癸偏財 辛食神	庚傷官 壬正財 戊劫財	甲正官 壬正財	甲正官 丙正印 戊劫財
[墓]	[沐浴]	[胎]	[死]

命主己亥與壬申之間標註 ►◄

緣薄顯象：傷官為格、年月比肩通透剋財。

〔旁註：傷官為格，先天浪漫、不受家族家世之拘束；比肩剋財則六親緣薄、能忍別離之苦。宜於早離家鄉、他處自尋財情〕

● 己土生傷官申月，植根年支丑土，年時透比肩印星，身主不弱，但與剋洩耗相比、不得月令，仍是稍弱，故以比劫印星為喜，年支丑土是當然用神。

〔早離家鄉獨立命造〕

戊辰、壬戌、庚戌、癸未。……

傷官	命主	食神	偏印
癸	庚	壬	戊
未	戌	戌 ◀▶	辰
乙丁己	丁辛戊	丁辛戊	癸乙戊
正正正	正劫偏	正劫偏	傷正偏
財官印	官財印	官財印	官財印
[冠帶]	[衰]	[衰]	[養]

緣薄顯象：偏印為格，年月梟旺而奪食。

● 庚金生於偏印戌月，地支再見辰戌未，全是印星，透出年干戊土，身強之造，應以剋洩耗為喜。干透壬癸食傷，俱逢印星之剋，難以為用，只能勉以辰土中之乙木財星破印為用。

● 年柱偏印通透為忌神，故而祖上貧寒，與祖上無緣。尤其年月相沖，必是早年離祖自立門戶；且他處立基，完全與祖地無涉。

〔旁註：偏印有另尋蔭護之義。年柱祖基、月支門戶，月支與年支還是辰戌沖。日支即是命主陽宅，出處註明：〈隨國府遷台，在台自立門戶〉〕

己酉、丁卯、辛巳、己亥。……坤造。

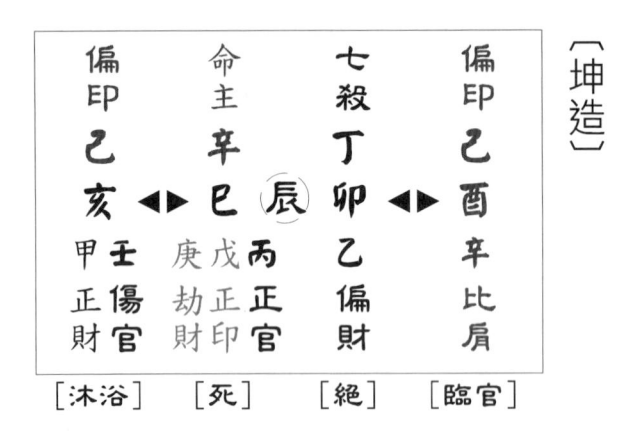

偏印	命主	七殺	偏印	〔坤造〕
乙亥	辛巳	丁卯	己酉	
甲 壬 正 傷 財 官	庚 戊 劫 正 財 印	丙 正 官	乙 偏 財	辛 比 肩
[沐浴]	[死]	[絕]	[臨官]	

（辰）字位於巳與卯之間

緣薄顯象：年月比祿剋財而相沖、偏印透干。

- 辛金生於偏財卯月，年支比肩祿神為根，年時並透己土偏印，身主不弱；然而不得月令生扶，身主仍屬偏弱，比劫印星為喜，終以年支酉金為用神。
- 論六親情緣，父親與其祖地無緣，命主亦是六親緣薄、早離家鄉而獨立自主。

〔旁註：年月卯酉沖，父母宮沖祖上宮，父母違隔祖地；
　　　也是命主跟隨父母離祖的現象；實情是父親在故鄉已娶妻，離鄉滯留台灣，再婚而生下命主〕

〔早離家鄉獨立命造〕

庚戌、乙酉、辛丑、己丑。……坤造。

〔坤造〕	劫財 庚戌 月德	偏財 乙酉	命主 辛丑	偏印 乙丑
	戊辛丁 正比七 印肩殺	辛 比肩	乙癸辛 偏食比 印神肩	乙癸辛 偏食比 印神肩
	[冠帶]	[臨官]	[養]	[養]

緣薄顯象：建祿為格、年月比劫強旺、財星逢剋

● 辛金生於建祿酉月，透出年干庚金劫財，除了月干乙木偏財之外，全是生身幫身之物；更加年月乙庚合而地支全是西方金地，因此化金，反成全局身主強旺而必須從旺或從強。綜觀全局，月日酉丑合而不化，全局印星尤旺，不宜從旺，宜取從強格，以印星為用而比劫為喜。

〔旁註：年月乙庚合而身強剋財，尤其月支建祿，必是與親無緣、早年離家獨立〕

乙巳、戊子、壬寅、乙巳。……

傷官乙巳	命主 壬寅 月德	七殺戊子	傷官乙巳
庚 戊 丙 偏 七 偏 印 殺 財	戊 丙 甲 七 偏 食 殺 財 神	癸 劫 財	庚 戊 丙 偏 七 偏 印 殺 財

〔絕〕　　〔病〕　　〔帝旺〕　　〔絕〕

緣薄顯象：陽刃為格、並剋財星，年月俱是偏星。

● 壬水生於陽刃子月，別無生扶，身主偏弱，應以比印為喜，然命無明印，只能以月令劫財為用神。

● 祖輩貧窮、與祖父母無緣、背祖離鄉之命。

〔旁註：月令劫財陽刃，自立自強、離祖破家之命；日支寅木與年支巳火相刑，亦主出生即與祖父母無緣、背祖離鄉〕

〔早離家鄉獨立命造〕

乙亥、辛巳、癸未、壬戌。……坤造。

〔坤造〕	食神 乙 亥 壬甲 劫傷 財官	偏印 辛 天德 巳 ◂▸ 戊丙庚 正正正 印官財	命主 癸 未 乙丁己 食偏七 神財殺	劫財 壬 戌 丁辛戊 偏偏正 財印官
	[帝旺]	[胎]	[墓]	[衰]

緣薄顯象：年月梟神奪食、財星逢剋，母宮逢沖剋。

● 癸水生於正財巳月，通根年支亥水劫財帝旺，身主不弱，然別無生扶，綜觀全局，身主仍屬偏弱，應以比劫印星為喜。終以年支亥水身根為用神。

● 命主與祖上無緣，必是早離家鄉、少小獨立。

〔旁註：年月地支巳亥沖，且是**財星逢剋**，有親情之堅忍；

月柱**財星壞印**，少時失其蔭護；

年月偏**印剋食神**，另尋食祿。

加上年月**驛馬逢沖**，必是幼少流浪、到處為家〕

壬子、庚戌、癸酉、乙卯。……

食神	命主	正印	劫財
乙卯	◀▶ 癸酉	庚戌 ㊉亥	壬子
乙 食神	辛 偏印	丁 辛 戊 偏 偏 正 財 印 官	癸 比肩
[長生]	[病]	[衰]	[臨官]

緣薄顯象：年柱比劫通透、財星不現。

● 癸水生於正官戌月，通根年支子水，坐下酉金偏印，年月干透壬庚劫印，身強之造，應以剋洩耗為喜。月支戌土正官逢印星蓋頭貼洩，不宜為用；時支卯木食神有日支酉金相沖，亦不能取用；終取時干乙木食神為用神。

● 年柱比劫忌神，必然早離家鄉獨立自主，與父親無緣。

〔旁註：比劫強則暗剋財。命造自幼離家、顛沛流離〕

〔難享祖蔭命造〕

壬戌、辛亥、乙巳、己卯。……

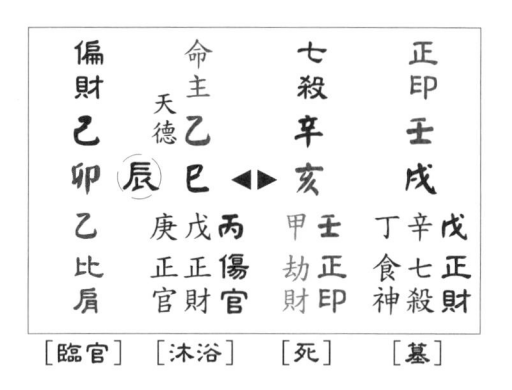

	偏財	命主 天德	七殺	正印
	乙	乙	辛	壬
	卯	辰巳 ◀▶	亥	戌
	乙 比 肩	庚戊丙 正正傷 官財官	甲壬 劫正 財印	丁辛戊 食七正 神殺財
	[臨官]	[沐浴]	[死]	[墓]

家世顯象：年月財殺印匯聚而財印交差。

- 年見正印正財，且年月殺印相生，出身應是不錯。然印不貼身，蔭不及身；年月兩支財印相戰，應與祖上無緣而自立門戶。月日相沖，還是他鄉自立之命，不得祖產。

〔旁註：年為祖基，正財坐年支，祖上應有相當產業；年月干透殺印相生，殺主權勢、印主名位，祖上在地方上應有相當貴名。年月為前半世，日時為後半生，月支為門戶，門戶立於祖基之外，相沖則後半生與前半生祖業毫不相干〕

丁酉、戊申、丙寅、癸巳。……

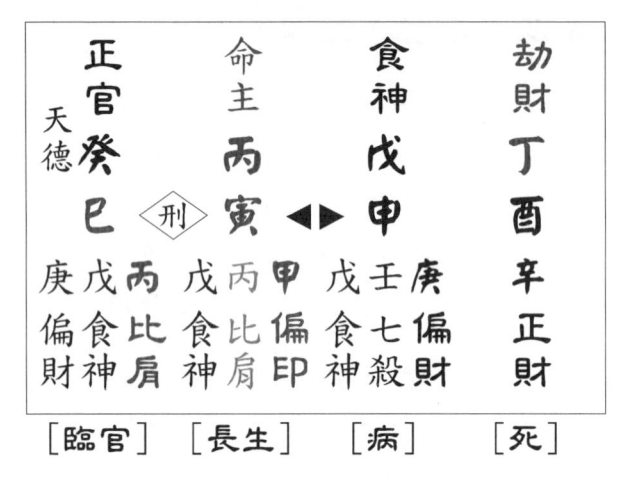

正官	命主	食神	劫財
天德 癸巳	丙寅	戊申	丁酉
	←刑→	←→	
庚 戊 丙	戊 丙 甲	戊 壬 庚	辛
偏 食 比	食 比 偏	食 七 偏	正
財 神 肩	神 肩 印	神 殺 財	財
[臨官]	[長生]	[病]	[死]

家世顯象：年月柱食神生財。

● 年支酉金正財，雖是忌神，仍主家世不錯，幼少得到疼愛；唯年干透丁劫財，早年獨立之顯象，且年柱見財星逢剋，早年親緣即斷，本人不得祖財。

〔難享祖蔭命造〕

庚寅、辛巳、丙寅、辛卯。……

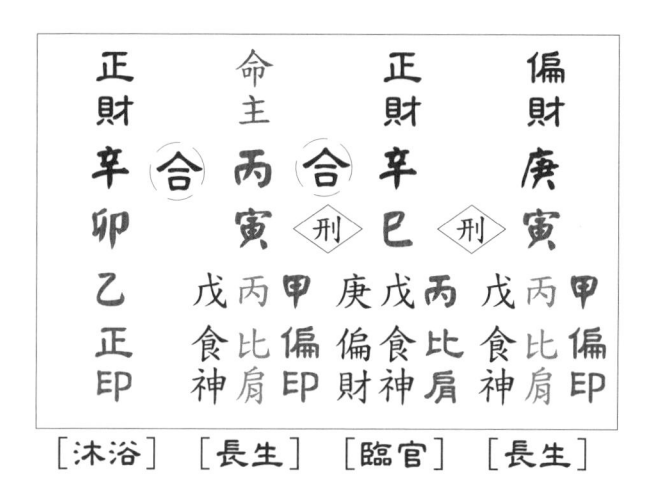

正財	命主	正財	偏財
辛	丙	辛	庚
卯	寅	巳	寅
乙	戊丙甲	庚戊丙	戊丙甲
正印	食比偏神肩印	偏食比財神肩	食比偏神肩印

〔沐浴〕　〔長生〕　〔臨官〕　〔長生〕

家世顯象：建祿為格、年月雙透喜用財星，年柱見財印交差。

● 原註：〈祖業雖豐，刑喪早見〉。

〔旁註：年月雙透喜用正偏財，顯見祖上產業頗豐。唯建祿為格而比肩剋財，命主不能承受祖業；若承受祖業，終是敗光〕

〔旁註：建祿為格，更見月干財星截腳，命硬與父無緣，或見六親緣薄〕

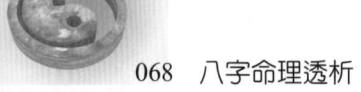

戊子、壬戌、丙戌、癸巳。……

正官 癸巳	命主 天德 月德 丙戌	七殺 壬戌 亥	食神 戊子
庚戊丙 偏食比 財神肩	丁辛戊 劫正食 財財神	丁辛戊 劫正食 財財神	癸 正 官
[臨官]	[墓]	[墓]	[胎]

家世顯象：年月柱食神與官殺通透。

- 本造出身不錯，祖上財豐，然難享祖蔭；實際上隻身在外、獨立謀財。

〔旁註：年柱食神坐正官，祖上食祿及名位俱有；然而年月全是剋洩耗，不是喜神，且財星不現，顯然幼少缺乏照顧〕

〔旁註：全局財星不顯，則六親無緣；天干全是忌神，且年月食神剋官殺，乃早年自營事業之顯象〕

〔難享祖蔭命造〕

庚寅、丁亥、丁卯、庚戌。……坤造。

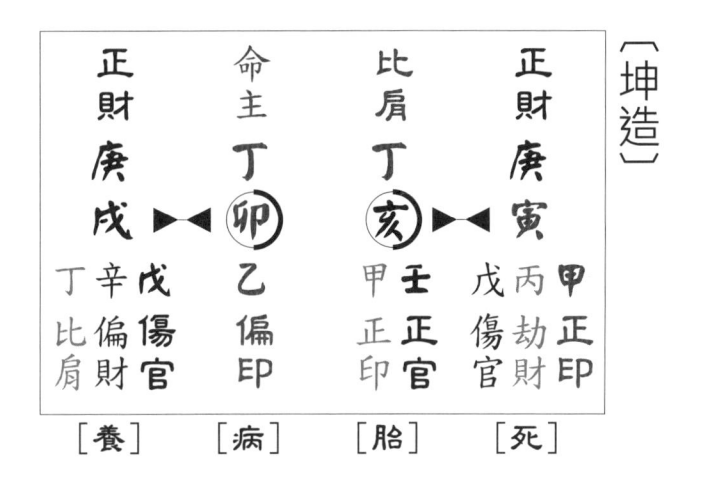

〔坤造〕

正財	命主	比肩	正財
庚戌	丁卯	丁亥	庚寅
丁辛戊 比偏傷 肩財官	乙 偏 印	甲壬 正正 印官	戊丙甲 傷劫正 官財印
〔養〕	〔病〕	〔胎〕	〔死〕

**家世顯象：年月財官印匯聚，
　　　　　然財印交差、比肩剋財。**

● 年月見財官印匯聚，家世應是不錯；唯印逢蓋頭而壞，且年干正財逢月干丁火貼剋，日主隔比肩而難得，命主終難得祖蔭。

辛酉、戊戌、丁亥、癸卯。……

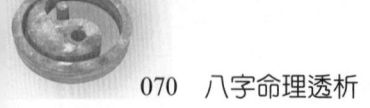

	偏財	傷官	命主	七殺
	辛酉	戊戌	丁亥	癸卯
	辛偏財	丁比肩 辛偏財 戊傷官	壬正官 甲正印	乙偏印
	[長生]	[養]	[胎]	[病]

（大運）陰男
11 比肩 丁酉 偏財
21 劫財 丙申 正財

家世顯象：年月傷官生財而身弱難任。

● 年柱見辛酉財星通透有力，祖業必是旺盛，出身不差，本身亦得疼愛；然財為忌神，命主身弱難任，難享祖業；察其前運比劫透干為喜，應能分得祖產；唯到底財為忌神，尤其時柱卯酉沖年支，即使分得必然敗耗盡淨。

〔旁註：日帶大敗，時柱主一生寫照〕

〔難享祖蔭命造〕 071

丁巳、辛亥、戊子、戊午。……

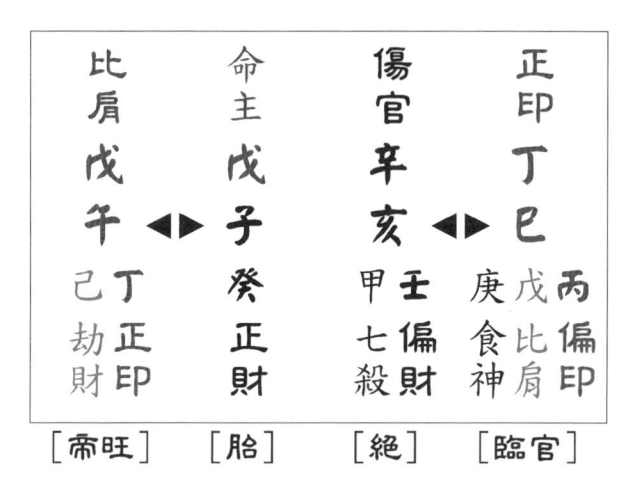

比肩	命主	傷官	正印
戊午 ◀▶	戊子 ◀▶	辛亥 ◀▶	丁巳
己丁 劫正 財印	癸 正 財	甲壬 七偏 殺財	庚戊丙 食比偏 神肩印
〔帝旺〕	〔胎〕	〔絕〕	〔臨官〕

家世顯象：年柱印星通透、年月財印交差。

◎《闡微》原註：〈其祖上大富，至父輩破敗〉

〔旁註：年柱印星為喜用，祖上多名望；觀其行運，初運
　　　庚戌，衣食不缺。
　　　唯年月相沖而財星壞印，
　　　月柱為父母宮，偏財亦指父親
　　　可見到其父輩而破敗、家道中落〕

辛卯、丁酉、戊午、壬子。……

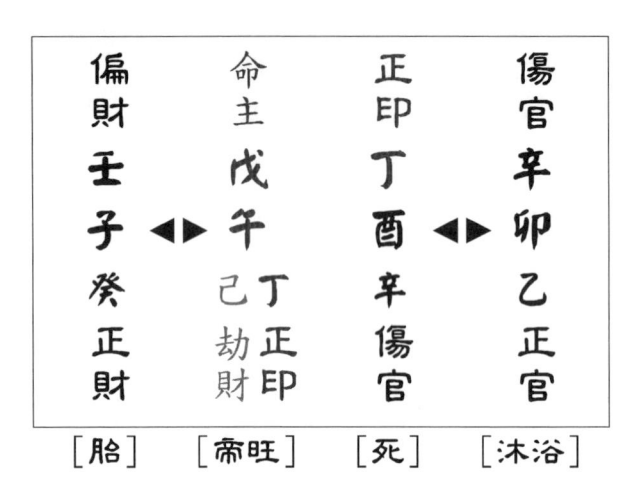

傷官 辛卯 乙 正官	正印 丁酉 辛 傷官	命主 戊午 己丁 劫正 財印	偏財 壬子 癸 正財
[沐浴]	[死]	[帝旺]	[胎]

家世顯象：年柱傷官見官、年月兩柱天剋地沖。

● 年柱**傷官見官**，祖上寒素、破祖離家；年月兩柱天剋地沖，亦是**離棄祖業**、**另立門戶**之顯象，當然是與祖業無緣。

〔旁註：正官在年指正統，傷官在年則破祖宗線索〕

〔難享祖蔭命造〕

壬子、壬寅、己丑、乙亥。……坤造。

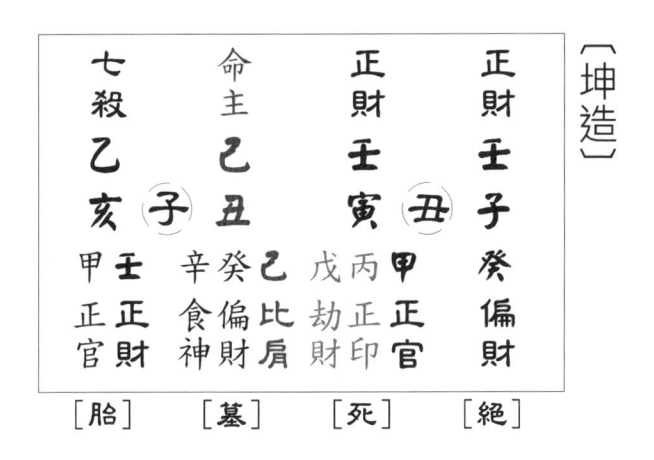

	〔坤造〕
七殺 乙亥 甲壬 正正 官財	命主 己丑 辛癸乙 食偏比 神財肩	正財 壬寅 戊丙甲 劫正正 財印官	正財 壬子 癸 偏財
〔胎〕	〔墓〕	〔死〕	〔絕〕

家世顯象：年月財官匯聚。

● 祖上父母財大業大，小時亦受栽培；唯財官為忌神，且日支用神受月令之剋，應論難享父業；即使分到產業，也是不久敗盡。

〔旁註：年月兩柱全是財官，尤其財星通透，

　　　　祖上父母產業豐碩。

　　　　年月主前半生，財生官則財食不缺、管教亦嚴。

　　　　唯年月財官為忌神，命主身弱難任〕

壬辰、丙午、己丑、丙寅。……坤造。

〔坤造〕	正財 壬辰	正印 丙午(空)	命主 己丑	正印 丙寅
	乙戊 偏七劫 財殺財	己丁 比偏 肩印	辛癸己 食偏比 神財肩	戊丙甲 劫正正 財印官
	〔衰〕	〔臨官〕	〔墓〕	〔死〕

（午巳空）

家世顯象：比劫剋財、印強財耗。

● 自幼父親無出息，母親強勢、父母不和。

〔旁註：年干壬水正財虛浮無根、坐下辰土截腳，
　　　　年月雖見財剋印，但印星通透有力，
　　　　財星反是耗弱無力〕

〔獨白：財星在年論父，父親能力不足；
　　　　印強財弱，母親欺夫之顯象〕

● 少小獨立，不享祖蔭。

〔旁註：年月比肩剋財、與祖無緣。印星通透為梟，財逢
　　　　梟耗，祖上貧乏、另尋情緣〕

乙丑、癸未、庚子、戊寅。……

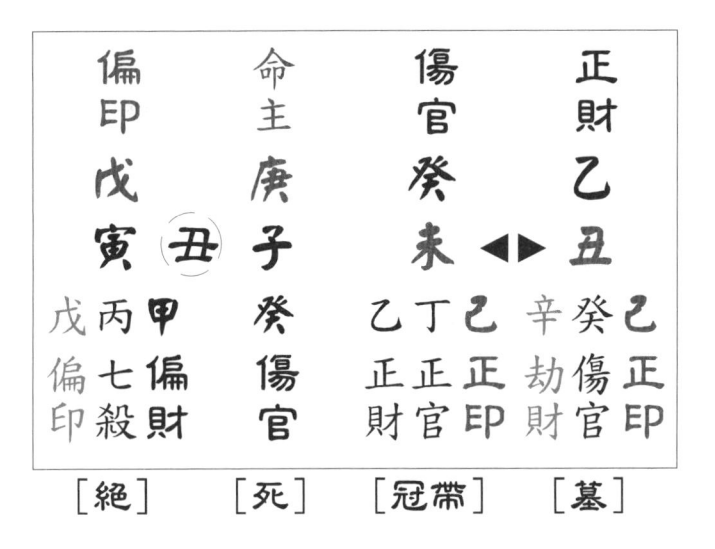

偏印	命主	傷官	正財
戊寅	庚丑	癸未	乙丑
戊丙甲 偏七偏 印殺財	癸 傷 官	乙丁己 正正正 財官印	辛癸己 劫傷正 財官印
[絕]	[死]	[冠帶]	[墓]

家世顯象：年月傷官生財見印、財印交差。

● 此命造出身不錯，唯難享祖蔭。

〔旁註：年柱正財正印，祖上有財業。

　　　　年柱財星破印，且年月相沖，故而不享〕

庚申、乙酉、庚戌、庚辰。……從革格。

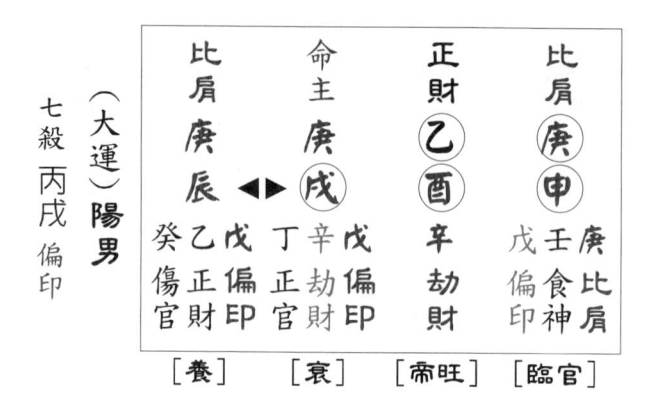

	比肩	命主	正財	比肩
（大運）陽男	庚辰	庚戌 ◀▶	乙酉	庚申
七殺 丙戌 偏印	癸 乙 戊 傷 正 偏 官 財 印	丁 辛 戊 正 劫 偏 官 財 印	辛 劫 財	戊 壬 庚 偏 食 比 印 神 肩
	[養]	[衰]	[帝旺]	[臨官]

家世顯象：專旺格而初運破。

● 庚金生酉月、年月日申酉戌三會、年月干透乙庚合，全局成真從革格。

● 專旺格局，多出生富貴之家；唯初運見七殺而破，少小家業及六親情緣有破。原註：〈初運火，祖業無恆〉

〔旁註：大運丙戌，戌土入命伏吟且沖辰土，三會鬆動，乙庚亦因而鬆脫格破，反成乙木財星喜用逢剋；丙火七殺則直剋庚金日主比肩。

此運專旺破格，天干群劫爭財，財星逢剋。財星為六親情緣，在年月逢剋，必是早年失怙，何況祖業〕

〔難享祖蔭命造〕

己卯、乙亥、壬子、甲辰。……坤造。

〔坤造〕

食神 甲辰	命主 壬子	傷官 乙亥	正官 乙卯空
月德		天德	
合	合	合	
癸劫財 乙傷官 戊七殺	癸劫財	甲食神 壬比肩	乙傷官
[墓]	[帝旺]	[臨官]	[死]

家世顯象：建祿格、年透正官而傷官見官。

● 命主家世清高，唯祖輩家道中落，命主不享祖蔭，命主必須自求福蔭。察其母親，家世則是卑微。

〔旁註：年柱正官，命主家世應有官貴，唯遭坐下傷官截腳，應是家道中衰，命主必須破祖離家。全局不見印財，與父母緣薄；傷官旺剋正官，是母親卑微之象〕

〔獨白：印論母親，官生印，因此正官論母親之背景。年干官星虛浮截腳，且逢月柱通透傷官之剋，可見母系家世卑微。實際上，母親是童養媳〕

壬申、乙巳、壬辰、丙午。……

偏財	命主	傷官	比肩
丙午	壬巳	乙巳	壬申
己丁 正正 官財	癸乙戊 劫傷七 財官殺	庚戊丙 偏七偏 印殺財	戊壬庚 七比偏 殺肩印
[胎]	[墓]	[絕]	[長生]

家世顯象：身弱用印而財星壞印。

● 年月壬申，乃比肩喜用自坐長生，故出身不錯，幼受栽培；然不見正印、年透比肩剋財，坐下偏印，與父母俱是緣薄，亦無祖產可得。

〔獨白：母在外謀生、父不濟事〕

〔旁註：月支母宮，本是正印正位，卻逢偏財佔宮，星剋宮且年月巳申合而**財星壞印**，父母無緣了〕

〔旁註：年透比肩則暗剋財星，與祖上無緣、少小獨立〕

丁巳、壬子、癸丑、癸丑。……坤造。

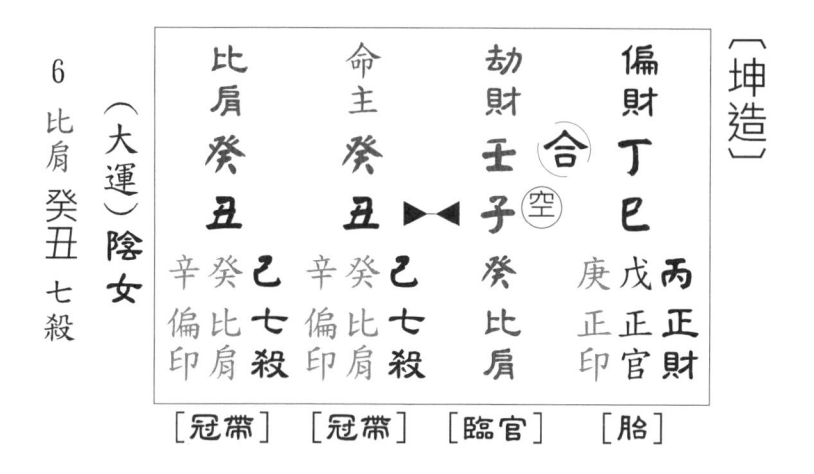

〔坤造〕

偏財 丁巳	劫財 壬子	命主 癸丑	比肩 癸丑
丙 正財 戊 正官 庚 正印	癸 比肩	癸 比肩 辛 偏印 己 七殺	癸 比肩 辛 偏印 己 七殺
[胎]	[臨官]	[冠帶]	[冠帶]

合空　►◄

（大運）陰女

6 比肩 癸丑 七殺

家世顯象：建祿為格透月、年柱財星通透。

● 本造年柱財星通透為喜，其家中應有相當產業；唯月柱劫財坐比肩，干支俱剋年柱財星，顯然是父輩家道中落，命主不能得享，實是自立自強之命。

● 財星在年月柱逢剋，早年六親傷痛、與親無緣的顯象，尤其是與父緣薄，多見父親早逝，或早離家獨立。

乙巳、乙酉、癸巳、壬戌。……

劫財	命主	食神	食神
壬戌	癸巳	乙酉	乙巳
丁辛戊	庚戊丙	辛	庚戊丙
偏偏正	正正正	偏	正正正
財印官	印官財	印	印官財
[衰]	[胎]	[病]	[胎]

家世顯象：年月時神生財、財星壞印。

● 出生良好世家，祖蔭亦是豐盈；唯恐不享祖蔭，或享而終敗。

〔旁註：年柱食神生財，亦透食神，祖有食祿。
　　　　然年月多忌神，用神無力、合而不合，
　　　　且逢年日夾剋，祖蔭難享〕

筆 記 欄：

出身之良窳

〔**通論**〕

◎ 出生良窳，包括**祖上的富貴貧賤階層、出生時的家境**，連帶命主是否享福、受到照應。主要聚焦於**年月兩柱**與**前運**的**六親十神**以及**喜忌**。

〔旁註：年柱主幼少之運、月柱青少運，**前運**主要是初運，亦即第一柱大運；起運早者，有時兼論第二柱大運〕

〔旁註：**六親十神**有正偏星之分，也分吉凶。

正財、偏財、正官、正印、食神，屬於吉神；

比肩、劫財、傷官、偏印、七殺，則是凶神。

直接以星辰屬性意涵直論所受對待〕

〔旁註：**喜忌**，指的是命局整體的喜用神和仇忌神；年月多見喜用，意謂幼少之時命主享受對待；年月多見忌神，則是幼少之時煎熬承受〕

◎ 以年月兩柱喜忌神的比例論斷出生時家境，喜用神多於仇忌神，則家境較佳；若是年月柱吉神匯聚、全是喜用，更可論斷祖上富貴、命主幼少之時多受照應、生活優渥。反之，仇忌神多，則是家境較差；若是忌仇神匯聚年月，更是幼少迍邅飄搖。

◎ 年月多見**正財、偏財、正官、正印、食神**等吉神，即使不是喜用，也代表日主出身不錯；然仍要注意排列，不可**財印交差**或**梟印剋食**，否則反論**失蔭迍邅**或**貧寒缺食**了。

〔旁註：年月柱之財星，顯示祖上父母之產業；年月柱正官與正印，代表祖上父母的名位；年月柱食神，是命主幼時食祿〕

〔旁註：吉神尤喜透干，表示庄頭鄰里可見而路人皆知〕

〔旁註：年月若財印同現而交差，印星逢財星貼剋，或印逢財星蓋頭截腳，反是破蔭；可能祖上富貴而命主本身卻是失蔭迍邅〕

〔旁註：梟印若貼剋食傷或與食傷同柱，俱有梟神奪食之義，缺食祿則必然出身貧寒〕

◎ 年月為**比肩、劫財、傷官、偏印、七殺，**
若是喜神，則出身可能不錯；
若不是喜用，尤其是忌神，則命主出身貧寒。

〔旁註：雖是偏星，喜用則仍受餘蔭；若是忌神，則是煎熬與打擊了〕

〔旁註：比劫的基本屬性是剋財與獨立自主，
比劫剋財則不富而情薄；年月見比劫祿刃，
多見早年親情之痛〕

〔通論〕 085

〔旁註：年為正官正位，傷官剋正官，祖上必無名貴；不論喜忌，俱是祖業不存或父輩離敗祖上，以致命主跟著受苦〕

〔旁註：年月是忌神，則祖父母對我沒照顧，多因已經破敗貧寒〕

〔旁註：正印乃受家世當然之照顧，得之自然；偏印主偏門餘緒，年月偏印則多見庶出，且早年離開出身正系、另尋庇蔭〕

〔旁註：正官主承續正統、多是長子，七殺則是不受承續期待的次子，管教有餘、關愛不足〕

◎ **特別格局**越是純真，則出生家境必更富貴；若入假格，則參酌前運來斷。

〔旁註：特別格局指從強與專旺格、棄命相從格局。

特別格局真確不破，年月柱必是喜用匯聚，

幼運佳自然是家境富裕〕

◎ 第一柱大運吉，多出生於富裕家庭、受較多照顧；第一柱大運凶，則幼時多災晦，亦主幼時家運差。

〔旁註：第一柱大運之吉凶，除了觀察六親十神屬性，還須驗證干支入命生剋沖合的作用。

通常較喜財官印食、不喜比劫傷官梟殺〕

〔細則〕

◎ 年月柱財官印全、財印不交差,祖業富貴。

〔旁註:最宜年月官印相生,能得現存祖業〕

◎ 年月柱見財食,祖業豐隆;尤其明見食神生財為喜,祖上必有產業且食祿豐盛。

◎ 年柱官星被月柱所合,祖業父繼。

〔旁註:若有合化,由化神可論斷後繼為興或衰〕

◎ **七殺、偏印、傷官、劫財**為格或是用神,出身大多寒微,必須由自己打拼成家立業。

〔旁註:月令乃先天屬性,既是環境、也是性格。七殺、偏印、傷官、劫財,俱是偏星,是家庭餘蔭,不能承襲祖業〕

◎ **建祿格、月刃格**,俱是先天獨立之格,即使家業豐碩,亦不能承續。

◎ 年月干支印星為喜用,必是書香門第,父母之一必有高學歷。本人亦受到相當培育。

〔旁註:印為文書、為學問〕

◎ 年月財官臨旺地,父祖根基雄厚,必有萬貫家資;若是喜用有助,必享祖上父母之福。若加印星,更坐**天乙貴人**或

天月二德，祖上更是富貴。
〔旁註：**財官印**有根氣，則確定富貴有據〕
◎ 年月柱見**正財坐貴人**，祖上父母是地方上的富戶。
〔旁註：見正財則有不動產業，帶天乙貴人則與鄰為善、
　　　　為地方鄉里稱道〕
◎ 年月**財殺相生**、月柱**陽刃駕殺**，父輩顯赫有權勢。
◎ 凡刃俱屬刑傷，年月若帶**羊刃**或**飛刃**，既是父母祖上刑傷不發之象，亦且對命主無情。
〔旁註：年月柱是祖上父母宮，又是命主幼少運；
　　　　年月羊刃飛刃，祖上父母帶刑傷了；
　　　　必是祖基敗退衰微、命主與祖上怨懟無緣〕
◎ 年干自坐死絕墓，或刑沖剋害，祖上衰敗飄蓬。
〔旁註：年柱是祖上宮，透干是外在形象，自坐死墓絕則
　　　　無實力，故主空虛衰敗〕
〔旁註：年月刑沖剋害，必是家族內在財情有變；
　　　　尤其年月見**財官逢沖剋**，除了祖上產業敗退，
　　　　更是父祖敗離家鄉之象〕

〔出身富貴命例〕

戊寅、丁巳、甲辰、丁卯。……

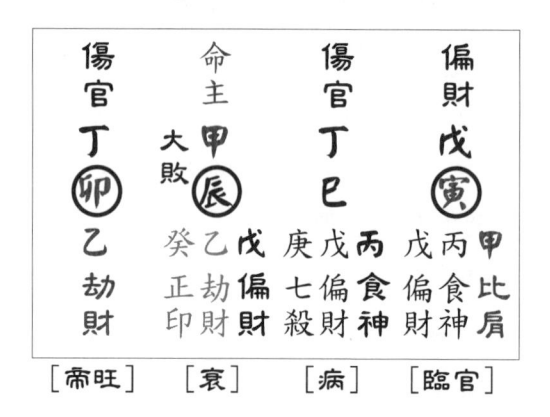

傷官 丁卯 乙 劫財	命主 甲辰 大敗 癸 乙 戊 正 劫 偏 印 財 財	傷官 丁巳 庚 戊 丙 七 偏 食 殺 財 神	偏財 戊寅 戊 丙 甲 偏 食 比 財 神 肩
〔帝旺〕	〔衰〕	〔病〕	〔臨官〕

家世顯象：年月食傷生財、偏財虛浮化劫。

- 甲木生於食神巳月，地支見寅卯辰三會東方木，身主停均之造，應以月令巳火食神為用神。
- 身強食傷洩秀有力、干透傷官生財，出身富裕。月令食神真神得用，生活優遊。
- 年柱戊寅，偏財自坐比肩而截腳，地支三會而財化劫，與父緣薄；然月柱食傷喜用通透，長輩疼愛。

〔獨白：實際上早年父權不彰，兄弟掌權、長兄如父。家中么孫，是祖父母金孫，也受眾伯愛護〕

庚申、己丑、乙酉、乙酉。……坤造。

```
〔坤造〕
           正官 庚申  天德月德
               壬 正財
               戊 正財
               庚 正官
       偏財 乙丑（空）
               辛 七殺
               癸 偏印
               乙 偏財
       命主 乙酉
               辛 七殺
       比肩 乙酉
               辛 七殺
        〔絕〕〔絕〕〔衰〕〔胎〕

（大運）陽女
 7  正財 戊子  偏印
17  食神 丁亥  正印
```

家世顯象：年柱正官通透、月柱財星通透。

● 乙木生於偏財丑月，除了時干乙木比肩之外，毫無生扶，理應棄命相從；觀全局，雖月令財星且亦通透，然官殺眾多，仍是最旺之神，故取**從殺格**，以官殺為用神，財星為喜神。

● 年柱正官通透，身出名門；月柱財星通透，家有產業。

〔旁註：年柱正官，祖上必有貴名，且掌權勢〕

〔獨白：年月財生官旺、喜用匯聚，出身富貴。然而前兩柱大運戊子及丁亥破格，反成身弱財官旺，沒有受到良好照顧，顛沛流離〕

辛卯、戊戌、乙未、戊寅。……孫科。

七殺 辛卯	正財 戊戌	命主 乙未	正財 戊寅
乙 比肩	戊 正財 辛 七殺 丁 食神	乙 比肩 丁 食神 己 偏財	戊 正財 丙 傷官 甲 劫財
[臨官]	[墓]	[養]	[帝旺]

〔孫科〕

家世顯象：年月喜用匯聚、財旺生殺。

- 乙木生於正財戌月，雖有寅卯旺祿，身主不弱，然總論仍屬身弱，應以比印為喜。卯木遠在年支且逢合，故取時支寅木劫財為用神。

- **身主不弱、財旺生殺為貴徵；月柱正財通透，父輩已有產業；祿神喜用在年，必有祖蔭。年月干透財殺相生，父輩是異路功名之顯貴。**

庚戌、壬午、丙子、辛卯。……

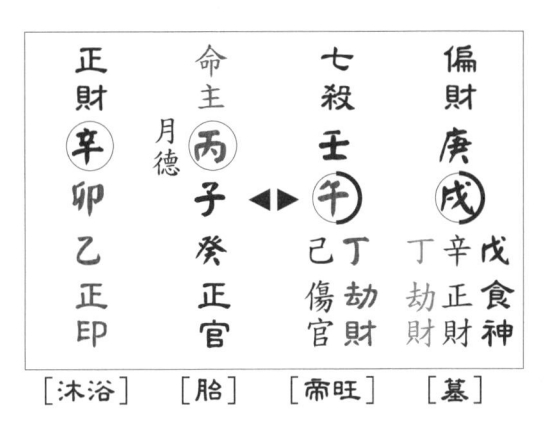

正財	命主	七殺	偏財
辛	月德 丙	壬	庚
卯	子 ◀▶	午	戌
乙	癸	己 丁	丁 辛 戊
正印	正官	傷官 劫財	劫財 正財 食神
[沐浴]	[胎]	[帝旺]	[墓]

家世顯象：主象陽刃駕殺、年月財殺相生。

- 丙火生陽刃午月，時支卯木正印，身弱比劫印星為喜。時支卯木雖有日支子水正官貼生，但有辛金財星蓋頭，月支午火有子水正官貼沖、壬水月干蓋頭，不好取用；勉為其難，終取月令午火陽刃為用神。

- 年柱食神生財，祖上論富；年月財殺相生，月柱陽刃駕殺，父輩則顯赫有財有勢。然年月多忌神且月日相沖，命主應是不享祖蔭。

〔獨白：凡月令見比劫祿刃，終是獨立自主之顯象；尤其日月相沖，必是早離父母，或者與故居無緣之顯象。月柱是命主青少年時期、隨父母居住之地〕

癸卯、乙丑、丙子、己丑。……

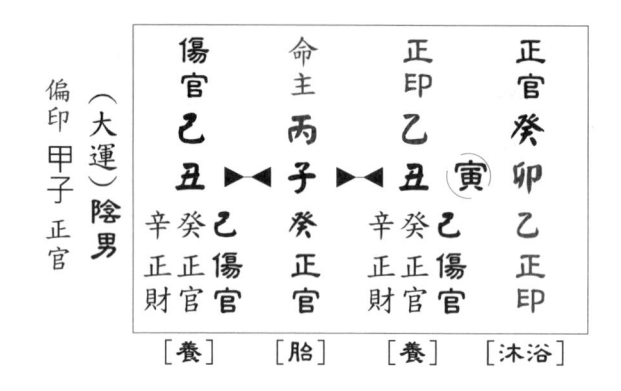

	偏印 甲子 正官 （大運）陰男	傷官 乙 丑 辛 癸 己 正 正 傷 財 官 官	命主 丙 子 癸 正 官	正印 乙 丑 辛 癸 己 正 正 傷 財 官 官	正官 癸 卯 寅 乙 正 印
		[養]	[胎]	[養]	[沐浴]

家世顯象：年月官印相生、喜用匯聚。

- 丙火生於傷官丑月，身無明根，全靠年支卯木正印生扶。日時子丑，實是水之陰濕，又透年干癸水，實是身弱之造，應以比劫印星為喜。取年支卯木印星為用神。

- 年月官印相生，且為用神之地，其出身必為有名望之家，初運甲子亦指出此點。

- 後世反見傷官見官匯聚，不遵祖訓、敗壞家名。

丙申、戊戌、丙寅、戊戌。……

食神 戊戌	命主 丙寅 月德天德	食神 戊戌	比肩 丙申 月德天德
丁劫財 辛正財 戊食神	戊食神 丙比肩 甲偏印	丁劫財 辛正財 戊食神	戊食神 壬七殺 庚偏財
[墓]	[長生]	[墓]	[病]

家世顯象：年月食神生財。

- 丙火生於食神戌月，年干丙火比肩，共同長生通根於日支寅木正印；別無生扶，身弱之造，應以比劫印星為喜，終以日支寅木為用神。

- **論家世，出身萬華世家，是有錢人後代，食祿不缺**。唯本人六親緣薄、少小獨立，事業亦是難成。

〔旁註：年月柱多見食神財星，故而出身佳；唯年柱見比肩透干剋財，財星為財利，亦為親情，財星為忌神，故而難享家業；若有承襲，亦是破敗〕

戊辰、辛酉、丙午、癸巳。……。

正官	命主	正財	食神
癸	丙	辛	戊
巳	午	酉	辰
庚戊丙	己丁	辛	癸乙戊
偏食比	傷劫	正	正正食
財神肩	官財	財	官印神
［臨官］	［帝旺］	［死］	［冠帶］

家世顯象：年月食神生財。

- 丙火生於正財酉月，通根日時刃祿，然身主仍嫌偏弱，應以印比為喜。綜觀全局，食神正財俱是天透地藏、且年月辰酉合而化金財星，天干財星生官而止，又無印星，故時干癸水為忌神，巳火有癸水蓋頭，酌取日支午火陽刃為用神。
- **年月匯聚食神生財，幼少之時家有恆產、不缺食祿**；然而是忌神，命主終是破敗而不能終享。

〔出身富貴命例〕

甲午、丁卯、丁卯、丙午。……

劫財	命主	比肩	正印
丙午	丁卯	丁卯	月德 甲午
己丁 食神 比肩	乙 偏印	乙 偏印	己丁 食神 比肩
〔臨官〕	〔病〕	〔病〕	〔臨官〕

家世顯象：年月見印星天透地藏。

● 丁火生於偏印卯月，日主根深而黨多，年甲午而印星天透地藏，月日俱是丁卯，全局比劫印星，但以月令印星，故取**從強格**，以印為用神、比劫為喜。

● **論出身，祖上是屏東望族，田地數甲。**

〔旁註：從強極真，**年月俱是喜用，年透正印月德。印即是蔭、又代表土地與房屋，年干正印代表祖宅祖地**；年柱帶神煞月德，亦是自小即享前世陰德〕

壬申、丁未、丁酉、丙午。……

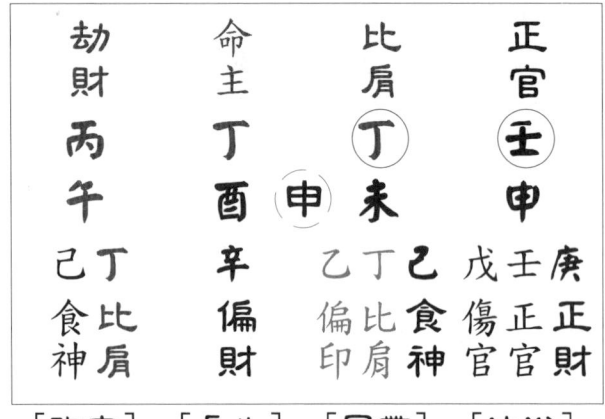

正官	比肩	命主	劫財
壬	丁	丁	丙
申	未	酉	午
庚戊壬 正傷正 財官官	乙丁己 偏比食 印肩神	辛 偏 財	己丁 食比 神肩

〔臨官〕　〔長生〕　〔冠帶〕　〔沐浴〕

家世顯象：年月十神生正財生正官。

- 丁火生於食神未月，月時透丙丁比劫，俱來通根時支午火祿神；身主停均，唯不佔月令，身主偏弱，應以比劫印星為喜。時支祿神午火身根是命局用神。

- **年柱財官則家世名利俱有，身主停均、月建食神，則安享食祿，世家子命造。年月比肩合官，當受嚴密家教，本人亦執著家世。**

- 身弱而年月匯聚財官食為忌神，終難常享是祿。

〔獨白：本造父親為警察分局長〕

癸酉、癸亥、丁亥、癸卯。……

七殺 癸卯 乙 偏印	命主 丁亥 甲 正印 壬 正官	七殺 癸亥 甲 正印 壬 正官	七殺 癸酉 辛 偏財
[病]	[胎]	[胎]	[長生]

家世顯象：地支財官印全、年月財星官殺匯聚。

- 丁生亥月正官，年日亥酉、財來生官，天干三透七殺，官殺旺極。全局又不見食傷，本有從殺之望，然時支見卯木偏印，又有亥水貼合水來生木，實難以論從，只能以身弱而殺旺攻身論之。

- 原出處註明〈出身富豪、少年得志〉。

〔獨白：年月見財生官殺，日時官印相合相生，
　　　　財星不能壞印。幼少之時家中富貴，
　　　　唯年月祖上父母宮忌神匯聚，
　　　　終是坐吃山空之輩、不能常享〕

己酉、辛未、戊辰、壬戌。……坤造。

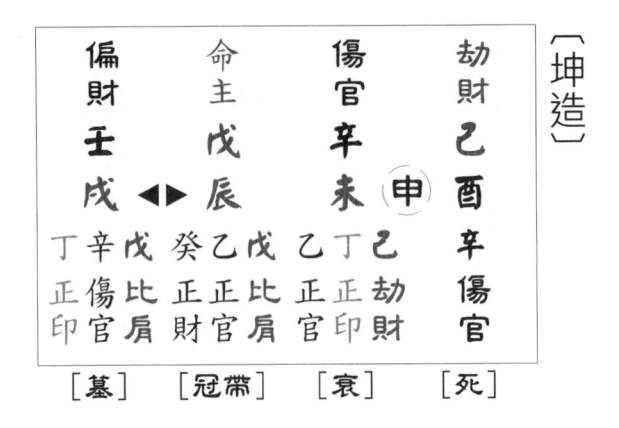

〔坤造〕	劫財 乙酉 辛傷官	傷官 辛未 乙丁己 正正劫 官印財	命主 戊辰 癸乙戊 正正比 財官肩	偏財 壬戌 丁辛戊 正傷比 印官肩
	[死]	[衰]	[冠帶]	[墓]

家世顯象：年月傷官洩秀、月令官印暗藏。

- 戊土生於未月，是火土旺地，日時辰戌，年透己土，身主極旺，宜於食傷洩秀，取年支酉金傷官為用神。
- 命局主象，傷官洩秀生財，用神傷官聚於年月，所以出身富貴、才藝出眾。

　　原註〈身出宦家，通詩書，達禮教〉。

〔旁註：月令正官正印暗藏，不與年月傷官交差〕

壬寅、癸卯、戊午、戊午。……坤造。

〔坤造〕

偏財	正財	命主	比肩
壬寅	癸卯	戊午	戊午
甲七殺 丙偏印 戊比肩	乙正官	丁正印 己劫財	丁正印 己劫財
〔長生〕	〔沐浴〕	〔帝旺〕	〔帝旺〕

家世顯象：年月財官喜用匯聚。

● 戊土生於正官卯月，透干坐下雙午之正印相生，身主不弱；但喜月令正官順生日支正印而轉助身，身主轉強，反以剋洩耗為喜。

又月干癸水合日主，故取月干癸水正財為用神。

〔主象：財殺相生、官印相生〕

● 論出身，喜用聚在年月，財生官殺，家庭富貴、青少年優遊，學業容易有成。

〔獨白：醫學院護理系畢業，畢業後留任助教〕

甲午、癸酉、己丑、戊辰。……

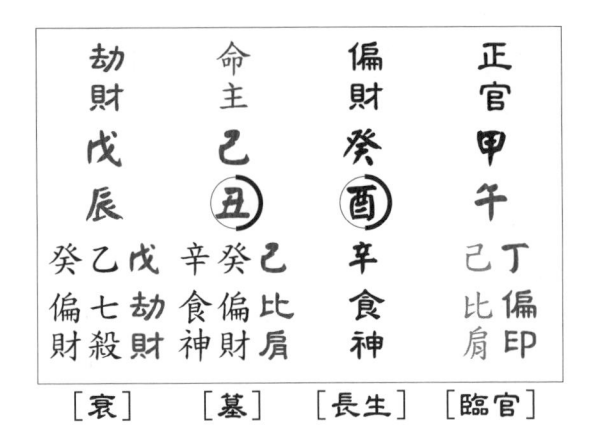

劫財	命主	偏財	正官
戊辰	己丑	癸酉	甲午
癸乙戊 偏七劫 財殺財	辛癸己 食偏比 神財肩	辛 食神	己丁 比偏 肩印
［衰］	［墓］	［長生］	［臨官］

家世顯象：年月喜用匯聚，且見財官印、食神生財、財生官、官生印，一路順生。

- 己土生於食神酉月，時透戊土劫財，日主劫財一同通根坐下丑土及時支辰土，年支又見午火偏印祿神；身強之造，以剋洩耗為喜，終取月干癸水為用神。

- **出生於富家，祖蔭豐隆。**

〔旁註：年月透財官相生為喜用，
　　　　月支又是食神喜用、順生用神癸水財星。
　　　　全局喜用匯聚於年月而不悖〕

〔旁註：月令與日支酉丑合、洩秀之義，午火與酉金相貼而不能剋〕

壬申、丁未、己亥、辛未。……

食神	命主	偏印	正財
辛	己	丁	壬
未	亥	未	申
乙丁己	甲壬	乙丁己	戊壬庚
七偏比	正正	七偏比	劫正傷
殺印肩	官財	殺印肩	財財官
〔冠帶〕	〔胎〕	〔冠帶〕	〔沐浴〕

家世顯象：年月傷官生財、財星自坐長生。

- 己土生於比肩未月，時支再見未土比肩，月透丁火偏印，身主均停偏旺，應以剋洩耗為喜。身主根深，不勞印生，應取財星破印為用。喜見年月丁壬合，故以年干壬水正財為用神。

- **日主出身不錯，祖上有大筆田園財產。**

〔旁註：年干壬水財星自坐申金長生，祖產源源不絕。
年月丁壬合，不作財星壞印解，故不是失蔭〕

〔獨白：年月雖見傷官偏印，有破祖另立基業之義；然年柱傷官生財為喜用，必得祖蔭；日支亥水正財通透有力於年，自立基業實得力於祖業之支援〕

丙戌、戊戌、辛酉、壬辰。……

傷官	命主	正印	正官
壬辰	辛酉	戊戌 天德	丙戌 月德
癸乙戊 食偏正 神財印	辛 比肩	丁辛戊 七比正 殺肩印	丁辛戊 七比正 殺肩印
[墓]	[臨官]	[冠帶]	[冠帶]

家世顯象：年月官印相生。

● 辛金生於正印戌月，年支戌土正印透出月干戊土；日主自坐祿神酉金，時見辰土來合而化劫。本局印星最為強旺，宜為從強，然從強格不能見食傷；日主並非最旺、見官殺又不佔月令，本不能論專旺，但是年干正官虛浮順生印星，且月柱貼生日主，勉取從革專旺格。只是日主旺氣不足，食傷不能為喜。

● **本造出生於富家，得享祖蔭。**

〔旁註：本不能論專旺，然年干正官虛浮順生印星，且月柱貼生日主，勉取**從革專旺格**。

年月官印為喜，且順生日主，故享祖蔭〕

甲午、甲戌、辛亥、戊子。……。

正印	命主	正財	正財
戊	辛	甲	甲
子	亥	戌	午
癸 食神	甲 正財 / 壬 傷官	丁 七殺 / 辛 比肩 / 戊 正印	己 偏印 / 丁 七殺
[長生]	[沐浴]	[冠帶]	[病]

家世顯象：年月財殺印匯聚。

- 辛金生正印戌月，透時戊土；身主無根，全憑印扶；本屬停均偏弱，午火殺印相生本有身強轉機，然年月午戌相合則戌土逢絆而難生身，終是身弱，應以印比劫為喜。實務上，午戌合仍是殺印相生，仍取月令戌土正印為用神。

- 論出身，出生於新竹望族，但本身不享祖產。

〔旁註：年月正財雙透，祖上父母有相當產業；
　　　年月地支則殺印相生，宜其有貴。
　　　唯其年月多見忌神、月令格局正印逢財蓋頭，印破則無蔭；且身弱無以任財，難享祖蔭〕

丙子、丙申、辛巳、戊戌。……連戰。

〔連戰〕	正官 丙子	正官 丙申	命主 辛巳 大敗	正印 戊戌
	癸 食神	戊壬庚 正傷劫 印官財	丙戊庚 正正劫 官印財	丁辛戊 七比正 殺肩印
	〔長生〕	〔帝旺〕	〔死〕	〔冠帶〕

家世顯象：年月正官食神喜用匯聚。

- 辛金生於劫財帝旺申月，時柱正印通透，身主停均偏強，以剋洩耗為喜，日支巳火正官為用神。

- 年月正官兩透、地支申子合，祖上父母兩代官貴、食祿豐碩。干透官印相生，地支又是官印相生、身根合官，子水食神偏處年支洩秀，不相礙官印。天之驕子，既享家世福蔭，本身又權印通透有力，宜為臺閣重臣。

〔出身富貴命例〕

辛丑、癸巳、壬子、庚子。……張學良。

偏印 月德 庚子 癸 劫財	命主 壬子 癸 劫財	劫財 癸巳 庚 戊 丙 偏 七 偏 印 殺 財	正印 天德 辛丑 辛 癸 己 正 劫 正 印 財 官
[帝旺]	[帝旺]	[絕]	[衰]

家世顯象：年月喜用匯聚、財生官而官生印。

- 壬水生於偏財巳月，通根日時雙子陽刃，身強之造。年月巳丑拱酉而干透辛金，巳**辛**丑三合金局，巳丑財官俱是化為印星，宜為**從強格**，印比為喜用。

- 年月巳火生丑土、丑土生辛金、辛金生癸水而幫身，時干亦是幫身，喜用匯聚於日主，祖上富貴、本身得蔭亦是富貴。

戊辰、戊午、癸巳、戊午。……

正官 戊午 己丁 七偏 殺財	命主 癸巳(合) 庚戊丙 正正正 印官財	正官 戊午(合) 己丁 七偏 殺財	正官 戊辰 癸乙戊 比食正 肩神官
[絕]	[胎]	[絕]	[養]

家世顯象：年月財官相生、正官通透。

- 癸水生於偏財午月一片火土，身主無根、毫無生扶，宜棄命相從。生於財月、地支又三見財星，本宜從財；然財星不透，反而干頭全是正官而通根於年支，而且巳午財星俱是內藏財生官殺，**從殺格**甚真。以土行官殺為用神、火行財星為喜神。

- **古論若從殺格甚真，則生於富貴而長於富貴。**
  察命局用神透天與通根於年柱祖上宮，必生於富貴之家。
  若行運喜用相符，則事業發展、安享榮華。
  〔獨白：家族經商、企業豐盛，事業擴延海外酒莊〕

庚戌、己丑、癸巳、庚申。……

正印 天德	命主	七殺	正印 天德
月德 庚申	癸巳	乙丑	月德 庚戌
戊壬庚	庚戊丙	辛癸乙	丁辛戊
正劫正	正正正	偏比七	偏偏正
官財印	印官財	印肩殺	財印官
[死]	[胎]	[冠帶]	[衰]

家世顯象：年月官殺通透而生印。

- 癸水生於七殺丑月，不見明根，干透雙庚金正印而通根時支申金，別無生扶，身弱，應以印比劫為喜，終取時支申金正印為用神。

- 年柱屬祖上宮、正官正印而官印相生，**出身富貴家庭，祖上勝過父輩。**

- 唯身弱不見明根，月柱七殺通透、又見財星黨殺，終是**殺旺攻身**之義，恐先天殘障。出處謂：〈**先天手足傷殘**〉。

〔旁註：日時巳申合本有化水之機，但時干透庚，申金不能從化，變成巳火合剋申金。時柱申金，論為下身骨頭與筋絡，腳部受損了〕

丙戌、丙申、癸丑、癸丑。……

	（大運）陽男	命主	正財	正財
	比肩 天德 癸丑	天德 癸丑	丙申	丙戌
7 偏財 丁酉 偏印	辛 癸 己 偏 比 七 印 肩 殺	辛 癸 己 偏 比 七 印 肩 殺	戊 壬 庚 正 劫 正 官 財 印	丁 辛 戊 偏 偏 正 財 印 官
	［冠帶］	［冠帶］	［死］	［衰］

家世顯象：年月財官印匯聚。

- 癸水生於正印申月，身主無明根，地支三土官殺，身主偏弱，應以比印為喜，申金正印為命局用神。

- **年月財官匯聚，家業必有可觀。又見前運丁酉，申酉戌三會西方金印，出身家世華貴。**然到底身弱而財星壞印，難以任財、揮霍亦重。

〔旁註：總言必須身強，身弱則來路難抵花費。察命主仕途多奧援，收入雖優善，但金錢到手，立刻揮霍以盡，絕不留待明日，所以境況雖優，常在窮鄉〕

〔出身富貴命例〕

丙申、庚寅、癸亥、乙卯。……

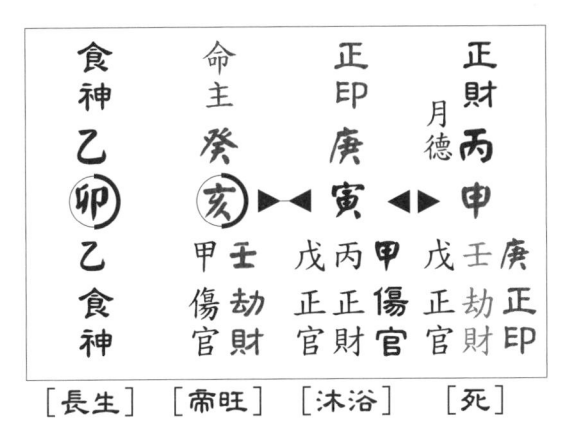

```
食神    命主    正印    正財
              月德
乙     癸     庚     丙
卯   ▶◀ 亥 ▶◀ 寅 ▶◀ 申
乙     甲壬   戊丙甲   戊壬庚
食神   傷劫   正正傷   正劫正
       官財   官財官   官財印
```

〔長生〕　〔帝旺〕　〔沐浴〕　〔死〕

家世顯象：年月財印不破。

- 癸水生於傷官寅月，通根坐下劫財帝旺，月透正印而通根於年支申金，身主不弱，唯與剋洩耗相比，無月令生扶，故而身主仍屬偏弱，應以比劫印星為喜。年支申金及月干庚金印星逢財星蓋頭及貼剋之壞，故應取日支亥水劫財根氣為用神。

- **年柱財印，出身富貴，祖產旺盛；雖有早年獨立之顯象，然實務上大亨祖業，祖蔭深遠，不得自立；到壯晚年，方始在祖基之助力上另起基業。**

〔旁註：年干丙火正財長生於月令而氣盛，月干庚金印星

則祿於年支；雖年干財剋印，然兩者根深而相持不破〕

〔旁註：年月天剋地沖，門戶沖祖基，即是命主隨父母離祖顯象〕

〔旁註：日月寅亥合而化解了年月之寅申沖，且月干庚金正印貼生日主，父母緊抓不放，仍是不得自立顯象〕

〔旁註：日時是命主自立人生，日時亥卯又合，與父母宮寅亥之和因而鬆脫，自創基業了〕

〔獨白：由於年月相沖而月日相合，命主所得祖產，實際上多是父母之基業〕

〔出身不佳命例〕

丁未、壬寅、乙卯、己卯。……

	（大運）	命主	正印	食神	〔坤造〕
偏印 癸卯 比肩	陰女	偏財 乙卯 乙 比肩	乙卯 乙 比肩	壬寅 戊丙甲 正傷劫 財官財	丁未 乙丁己 比食偏 肩神財
		[臨官]	[臨官]	[帝旺]	[養]

家世顯象：年月見梟神奪食、財星逢奪。

● 乙木生於寅木旺月，日時兩卯，年月丁壬合而化木，身主旺而無印，宜於食傷洩秀為用；唯年干丁火食神已遭合化，因此只能以財星未土為用。

● 本來年柱食神生財為喜，然則不宜有印來合並奪食，又劫財為格、貼剋財星；

喜用食神財星在年而逢傷剋，所以幼少年家境差。

初運癸卯，忌神通透、財星逢剋，確定出身貧寒。

戊戌、甲寅、丙寅、甲午。……坤造。

	食神 戊戌	偏印 甲寅	命主 月德 丙寅	偏印 甲午	〔坤造〕
	戊 食神 辛 正財 丁 劫財	甲 偏印 丙 比肩 戊 食神	甲 偏印 丙 比肩 戊 食神	丁 劫財 己 傷官	
	［墓］	［長生］	［長生］	［帝旺］	

（大運）陽女 5 正官 癸丑 傷官

家世顯象：年月柱見梟神奪食。

- 丙火生於偏印寅月，年日時支寅午戌三合火劫局，又見干透雙甲偏印，身強之造。命局雖因三合劫局而比強旺度勝過印星，然比劫不透，且年柱戊戌食神俱逢偏印貼剋，不能論喜，因此取**假從強格**，以木火為喜。

- **出身貧乏、早年生活困苦。**

〔獨白：年柱戊戌干支俱現梟神奪食，首柱大運癸丑，
　　　　地支丑土傷官入命逕犯月支寅木，仍梟神奪食；
　　　　天干癸水七殺入命而破格，且為年干戊土合剋，
　　　　喜用合絆而不能用，因此早年生活並不豐沛〕

〔出身不佳命例〕

庚辰、戊子、丙戌、甲午。……

8 傷官 己丑 傷官　（大運）陽男

偏印	命主	食神	偏財
甲午	丙戌	戊子	庚辰
己丁 傷劫 官財	丁辛戊 劫正食 財財神	癸 正 官	癸乙戊 正正食 官印神
[帝旺]	[墓]	[胎]	[冠帶]

家世顯象：年月柱忌神剋洩耗匯聚。

- 丙火生於正官子月，通根時支陽刃，時透甲木偏印、貼生日主，身主不弱，然而與剋洩耗相比，仍嫌身弱，應以比劫印星為喜，終取時支午火陽刃為用神。

- **身主偏弱、難任財星，出身貧寒、六親緣薄；食傷過重剋正官，反破家離鄉、不能安享食祿。**

- 初運己丑，生活清苦。

〔旁註：運支丑土傷官入命爭合子水正官，反動開子辰合，變成土剋水，**傷官見官、剋洩交集**；運干己土傷官入命合住甲木偏印，**印耗福薄。此運身主轉弱而剋洩交集**〕

癸酉、乙卯、丙戌、己亥。……

傷官	命主	正印	正官
乙亥	丙戌	►◄ 乙卯 ◄►	癸酉
甲壬 偏七 印殺	丁辛戊 劫正食 財財神	乙 正 印	辛 正 財
[絕]	[墓]	[沐浴]	[死]

家世顯象：財星壞印、印食交差。

- 丙火生正印卯月。身無明根，全靠月柱印星通透相生；年干癸水正官雖生印星，但月令正印到底逢沖，身主仍屬偏弱，應以印比劫為喜；時支亥水殺印相生，終取亥中甲木印星為用神。

- 年月柱本宜多見正星財官印，然年柱財官為忌神，
  且見卯酉沖而財星壞印，反是失體面失蔭的現象，
  出身家世反穢而貧賤。

〔旁註：卯酉沖是財印之沖，父母不合。卯木正印坐沐浴桃花，故母親生性風流；卯戌合，正印逢合則母多外情，尤其戌中暗藏辛金正財，乃母之偏夫〕

〔獨白：其母在按摩院工作，先後已與好幾個男人同居〕

〔出身不佳命例〕

癸酉、戊午、丁巳、戊申。……

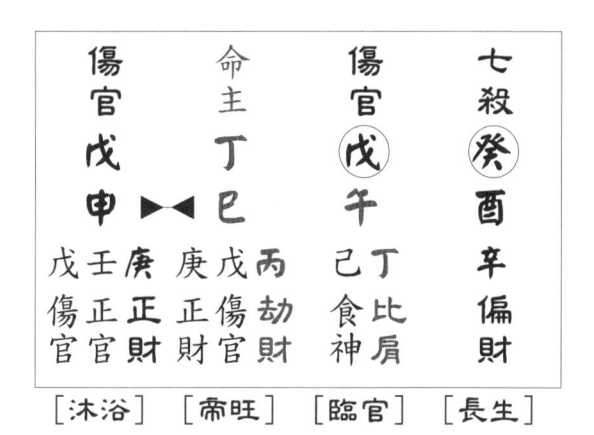

傷官	命主	傷官	七殺
戊申	丁巳	戊午	癸酉
戊壬庚 傷正正 官官財	庚戊丙 正傷劫 財官財	己丁 食比 神肩	辛 偏財
[沐浴]	[帝旺]	[臨官]	[長生]

家世顯象：年柱財殺，年月傷殺相合、比祿剋財。

- 丁火生於建祿午月，又自坐巳火劫財帝旺，身主不弱，加上年月戊癸合而化火，身主論強，應以剋洩耗為喜。日主根深無印，食傷洩秀為用，時干戊土為用神。

- 年柱見財殺，可見祖上為風光富戶；然財逢月破、月干傷官剋破七殺，父輩破家。建祿格無祖業繼承、自立自強之命，尤其年月見比肩剋偏財，恐幼少失怙、早離家鄉。

戊寅、甲寅、丁未、辛丑。……

〔坤造〕

偏財	命主 天德	正印	傷官
辛	丁	甲	戊
丑	未	寅	寅
辛癸己 偏七食 財殺神	乙丁己 偏比食 印肩神	戊丙甲 傷劫正 官財印	戊丙甲 傷劫正 官財印
〔墓〕	〔冠帶〕	〔死〕	〔死〕

家世顯象：年透傷官、年月柱梟神奪食。

- 丁火生於正印寅月，月透甲木，年支又見寅木，日主無明根而印綬太重，必以財星破印為用。辛金偏財偏處時干無根，且日主無明根、全憑印生，印星之剋又不能太過，終取時支丑土食神為用神。

- 身無明根，卻見年月印綬太重，反論梟旺身強、梟神奪食。故而〈出身寒微〉。

〔旁註：年透傷官，必不享原世系財情。察年月限運，印多成梟、忌神匯聚；
年干傷官逢貼剋截腳，實是**梟神奪食**之義〕

己丑、壬申、丁酉、辛丑。……從財格。

食神 乙丑	正官 壬申	命主 丁酉	偏財 辛丑
月德			(大運)陰男
己食神 癸七殺 辛偏財	戊傷官 壬正官 庚正財	辛偏財	己食神 癸七殺 辛偏財
[墓]	[長生]	[沐浴]	[墓]

8 偏財 辛未 食神

家世顯象：從財格卻見年月食傷官殺交差。

- 丁火生於正財申月，地支申酉二丑為金地，且日時酉丑半三合、時透辛金，故而化金，日主無根無印，只有棄命相從，為**從財格**。

- 從財格得真，用神財星多見，在年月則生富貴之家。此造喜神食神通透在年柱，說明日主出身食祿無憂；然年柱祖先宮及第一限運，並非用神財星臨值，且天干食神剋正官；更見第一大運柱又是食神相沖，可見命主出身並非富貴，只是一般。

辛丑、庚寅、戊子、壬子。……坤造。

```
〔坤造〕
傷官 辛丑  己劫財 癸正財 辛傷官
食神 庚寅  甲七殺 丙偏印 戊比肩
命主 戊子  癸正財
偏財 壬子  癸正財
     〔養〕〔長生〕〔胎〕〔胎〕

（大運）陰女
4 傷官 辛卯 正官
```

家世顯象：年月柱獨根而剋洩交集。

- 戊土生於七殺寅月，通根年支丑土劫財，又長生於月令寅木，然仍屬身弱，應以比劫印星為喜，終取年支丑土為用神。

- 論出身，家世不高，與原生家無緣，少小破祖離家、另尋情緣。

〔旁註：命局不現印星，無陰助之利；年支劫財，有暗剋財星六親情緣之義，且主早年獨立自主；年干辛金傷官，有暗剋正官之義，亦是與出身系統無緣之意象〕

〔獨白：命主母親出嫁之後曾生兄弟數人，夫死再嫁，生兄數人，方才產下命主。命主早年即出外工作，與原生家庭無緣〕

辛亥、庚寅、戊辰、癸亥。……父母品質不佳。

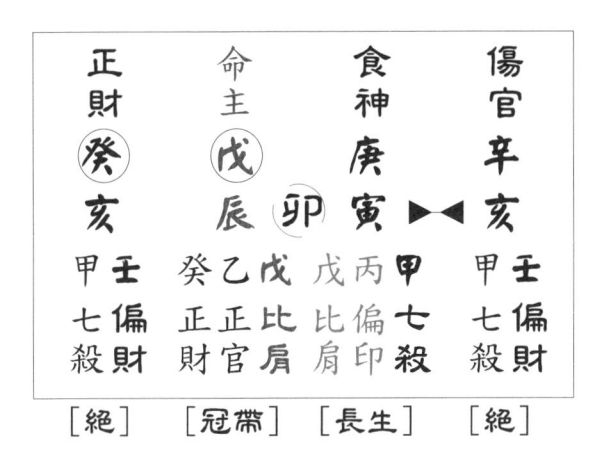

正財	命主	食神	傷官
癸	戊	庚	辛
亥	辰	寅 ►◄	亥
甲壬	癸乙戊	戊丙甲	甲壬
七偏	正正比	比偏七	七偏
殺財	財官肩	肩印殺	殺財
[絕]	[冠帶]	[長生]	[絕]

家世顯象：年月柱剋洩耗忌神匯聚，更見財星黨殺而剋身。

- 戊土生於七殺寅月，地支見財生殺旺，干透食傷生財；除了日支比肩身根之外，別無生扶，身弱之造，應以比劫印星為喜。日支辰土獨根為用神。

- **身弱無印則難任財官，無印則無母蔭；年月食傷為忌則難享食祿，財星黨殺而剋身，必受父親之拖累。**

乙未、庚辰、己酉、癸酉。……坤造。從兒格。

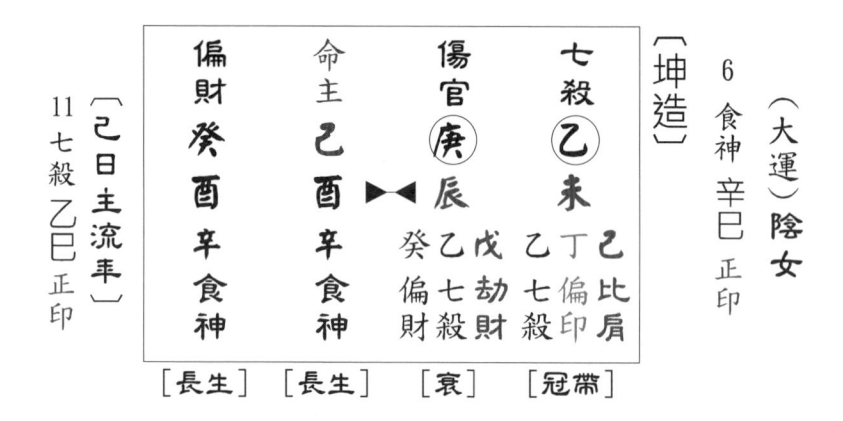

```
〔坤造〕
        七殺  傷官  命主  偏財
         乙   庚   己   癸
         未   辰   酉   酉
        乙丁己 癸乙戊 辛    辛
        七偏比 偏七劫 食    食
        殺印肩 財殺財 神    神
       [冠帶] [衰]  [長生] [長生]

（大運）陰女
6  食神 辛巳 正印
11 七殺 乙巳 正印
〔己日主流年〕
```

家世顯象：從兒格卻見年月傷官合殺。

● 己土生於辰土劫月為強根，年支未土亦是土根。
地支二酉食神，透出月干庚金傷官；全局食傷最旺、時透癸水偏財，又無火印，雖年見違逆之乙木七殺，亦逢合剋，酌取假從兒格。

● 假從兒格。唯其成格曲折，且月支主氣不是從神。
出生當年即破格，出生不是富貴，傷官見殺多庶出；年月比劫、暗剋財星，主少小獨立、背祖離鄉。

〔出身不佳命例〕

戊子、辛酉、己酉、庚午。……坤造。

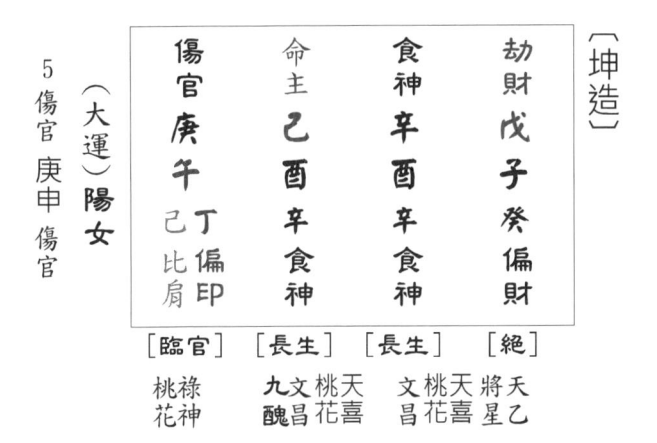

| 〔坤造〕 | 劫財 戊子 癸 偏財 | 食神 辛酉 辛 食神 | 命主 乙酉 辛 食神 | 傷官 庚午 丁己 偏印 比肩 | （大運）陽女 | 5 傷官 庚申 傷官 |

[絕] [長生] [長生] [臨官]
天將 桃文 天桃九 桃祿
乙星 喜昌 喜花文 花神
       花 醜昌

家世顯象：身弱而年月柱忌神匯聚、洩耗無度。

● 己土生於食神酉月，通根祿於時支午火，身弱之造，應以印比劫為喜。時支午火偏印為用神。

〔旁註：年月食神生偏財為忌，實是**傷官偏旺；正財正官正印不現**〕

● 六親無緣，大運庚申，幼境堪憐。
命帶三只桃花，又見天乙將星，終是梨花帶雨。

〔旁註：身弱無根，全靠午火印扶，又食傷洩重，**身弱無依**。初運干支又是傷官通透，**飄蓬之命**〕

〔獨白：早年破身、自入歡場〕

辛巳、辛丑、庚辰、乙酉。……早歲寒微。

```
        劫財  劫財  命主  正財
 7      辛    辛    庚    乙
（大運） 巳    丑    辰    酉
 比肩                       辛
 庚子   丙戊  庚戊  癸乙戊  劫
 傷官   七偏  比偏  傷正偏  財
        殺印  肩印  官財印
       [長生] [墓] [養] [帝旺]
```

右側：
- （大運）陰男
- 7 比肩 庚子 傷官

左側：
- 〔庚日主流年〕
- 2 食神 壬午 正官
- 3 傷官 癸未 正印

日主庚、月柱天德月德，日辰與酉合。

家世顯象：專旺破格而群劫爭財。

● 日時乙庚合，然月令不是金之本氣，故而不論化氣。地支巳酉丑三合金局，年月雙透辛金，成立從革格。時支乙木正財逢日主合而坐下辰酉合而化金，**從革格**為真；雖不發貴，但可發富。

〔旁註：本來見財則不成專旺格，然而乙庚合而化金，財來就我，格真無礙〕

● **通常專旺格真，喜用在年月，多出身富貴之家；然此造首運即破格，反出身寒微。**

〔旁註：第一柱大運庚子，子水入命有合辰、合丑之意，

〔出身不佳命例〕

雖不破地支局，卻已造成命局動盪；
庚金伏吟日主、鬆動其合，乙木財星脫出、
違逆用神，格局變假，從革破格，
群劫爭合而剋乙木財星，加上2、3歲流年壬午、癸未乃火地或沖提，小運欠佳，因此**出身貧農、早歲寒微**〕

己卯、丙寅、壬午、己酉。……

	正官 乙酉 辛正印	命主 壬午 己丁正正官財	偏財 丙寅 戊丙甲七偏食殺財神	正官 乙卯 乙傷官
	［沐浴］	［胎］	［病］	［死］

（大運）陰男
3 傷官 乙丑 正官
13 食神 甲子 劫財

空：酉

月德：寅

家世顯象：日主無根、年月柱剋洩耗匯聚。

● 壬水生於食神寅月，日主無根，全憑時支酉金正印相生，身弱之造，應以比劫印星為喜。毫無選擇，只能以時支酉

金為命局用神。

● **年月柱剋洩耗重，身弱難任，更見正官逢截腳；初運乙丑與甲子，家道零落而失學。**

〔旁註：身弱難任財星，六親緣薄；食傷過重反破家離鄉、不能安享食祿。大運乙丑，運干乙木傷官入命遙剋己土正官，確定**傷官見官**〕

〔獨白：干頭官星傷官見官，傷強官弱。正官為家庭、為觀瞻，官星逢剋則家破而無貴〕

〔旁註：大運甲子，運支子水劫財入命而日主植根，本是為喜，但沖日支午火，則寅午脫合，午火財星動剋酉金正印，**財星壞印**；運干甲木食神入命逢雙己爭合而不合，甲木動剋己土，食傷通透而正官虛浮，仍是**傷官見官**之義，身弱難任，反是**剋洩交集**〕

〔獨白：地支見財星壞印，則失家世蔭護、流離失所〕

〔出身不佳命例〕

甲申、甲戌、癸亥、壬子。……坤造。

〔坤造〕

| 傷官 甲申 庚壬戊 正劫正印財官 [死] | 傷官 甲戌 戊辛丁 正正傷官官 [衰] | 命主 癸亥 壬甲 劫傷財官 [帝旺] | 劫財 壬子㊀ 癸 比肩 [臨官] |

(大運)陽女

7 比肩 癸酉 偏印

家世顯象：年月傷官兩現、正官蓋頭。

- 癸水生於正官戌月，干透雙甲傷官，其他盡是劫印，身強之造，宜以剋洩耗為喜。日主根深，不勞印生，本應取財星破印為用，然局無財星，欲以月令正官為用，卻是干透傷官，且貼洩於申金正印，用之不顯，終以月干傷官洩秀為用。

- **月柱正官逢蓋頭、傷官兩透，家無貴名、出身不高。**

〔旁註：初運癸酉，酉金入命申酉戌三會西方金，**官星化為忌神印星**〕

〔獨白：傷官洩秀為用，才藝為生，運扶必是有成。此是演藝界以反串出名之藝人命造〕

甲戌、丙寅、癸亥、己未。……

	傷官 甲戌	正財 丙寅	命主 癸亥	七殺 己未
		月德		
	戊丁辛 正偏偏 官財印	甲丙戊 傷正正 官財官	壬甲 劫傷 財官	乙丁己 七偏食 殺財神
	[衰]	[沐浴]	[帝旺]	[墓]

（大運）陽男

4	14	24
偏財 丁卯 食神	正官 戊辰 正官	七殺 己巳 正財

家世顯象：忌神匯聚、正官逢貼剋蓋頭。

● 癸水生於傷官寅月，只有日支劫財帝旺身根，實是身弱，應以比劫印星為喜用。毫無疑問，只能以日支亥水為命局用神。

● 日主自坐亥水劫財，本是根深；然寅亥合而水生木，根氣洩重，剋洩耗雖重，卻不能從，乃貧夭之局。尤其前三個大運，俱是剋洩耗，可謂貧無立錐。
出處謂〈幼小家貧，小學畢業後跟父親學雕刻〉。

筆 記 欄：

父母緣薄

〔緣薄總論〕

◎ 父母緣薄，主軸在幼少之時父母不能貼身照應，或雖是居住一處，卻是相互刑剋、感情不佳。

◎ 不能貼身照應，可能是幼年喪父喪母或父母離異，或命主是遺腹子或出養，甚至本身即私生子女；俱是父母家庭不全、難享家庭情緣。
還有就是父母貧賤病弱、根本無力照應命主，命主必須自立更生、早年離家離鄉。
〔旁註：過去多因家貧而外鄉求生、顛沛流離，
　　　　近代則多離家出外就業就學，
　　　　俱是不得父母貼身蔭護，所以論緣薄〕

◎ 遺腹子與私生子女，直接從命局八字顯象直斷；
其他緣薄狀態，固然先天命局已有顯示，
然其刑剋定論之期，仍須察其歲運。
〔旁註：未上運之年歲，逐年論生剋沖合；
　　　　已上運則綜合第一柱大運及流年而斷〕

◎ 早年父母雙亡、早年喪父、早年喪母，固是刑剋現象；

但此處〔父母刑剋〕，指〔父子母女相處而感情疏離、**虐待相刑、形同陌路**〕而言。

◎ 雖說年柱是祖上宮、月柱是父母宮，然年柱主16歲之前的幼少運，論與父母的關係，仍是聚焦於年月二柱。
〔旁註：年柱亦論父母宮。干支再分，年干祖父、年支祖母，月干父宮、月支母宮〕

◎ 專旺或從強格，多無財星；本是自立自強、親緣較淡，若不破格，亦不明見父母刑剋；但若歲運破格，則難免有六親之痛。尤其早歲破格而年月多動，多見父母緣薄、剋父離鄉。
〔旁註：專旺破格，必見年月祖上父母宮比劫旺動，如此則暗剋財星，多見**情緣有破**。

　　　　專旺帶印，命局或歲運見食傷，容易**梟神奪食**〕
〔旁註：從強格則印強，若見歲運食傷，必是**梟神奪食**〕
〔獨白：梟神奪食則缺食祿、他處尋蔭〕

父母緣薄刑剋總象。……

◎ 主要是少小出身不佳、與父母情緣不佳、不受關愛。
  緣薄則不親不近，父母雖存，若非遠隔不能相處，
  即是相處不洽，甚至遭受苛刻無情相待。
〔旁註：刑則心理嫌惡、態度冷漠，
     剋則強加壓制、態度傲慢〕

● **命局不見財星**，就是與親緣薄，尤其是父親。
〔旁註：財星主六親情緣，又是父親星；不見財星，
     不一定是喪父或離父，也可能只是不親近〕

● **命局不見印星**，就是失蔭、與親緣薄、無親人照應，尤其是失去父母親的貼身照應。
〔旁註：印星即是蔭，正印即正系之照顧，又代表母親；
     但又不可逕斷失母蔭，很多時候父母是一體的〕

● **年月若單見比劫祿刃**，基本上就是少小獨立而寡情；其意涵雖多因少小失蔭，然不可逕斷情緣有破，也可能是在家族中強力掌權掌財的顯象。
  然若**比劫多見或年見建祿，或年現陽刃羊刃**，那就鐵定是情緣之薄了。

● **年月多見比劫祿刃**，六親父母緣薄，尤其是月柱。

〔旁註：比劫剋財，故而多見對六親財情之刑傷與堅忍；
　　　　在月柱尤顯，更甚者，建祿陽刃為格〕
● **年月見比劫剋財**，即六親緣薄之義，與父親刑剋無緣。
〔旁註：若非比劫天透地藏，不可逕斷喪父〕
● **年月忌神匯聚**，多見祖上父母緣薄。
〔旁註：年為祖上宮、月是父母宮，忌神匯聚年月，
　　　　即使是正官正印正財與食神之類正神，
　　　　命主亦是不享祖上父母之風光〕
● 身弱而難任財官，卻見**財官忌神匯聚年月**。
〔旁註：財為六親情緣、官星主世系家庭，
　　　　多見財官而身弱，財情反成身累、不享情緣〕
● **年月若見財星壞印**，即是早年失蔭、不受親情關愛，亦是剋母、與母無緣顯象。
〔旁註：印即是蔭，年月受親人之蔭破〕
● **年月若見印剋食傷**，不論喜忌，亦不論是貼剋或同柱，俱是幼少奪食之義，主要是父母無能力貼身照顧，自然是父母子女關係不密切、情緣難佳了。
〔旁註：食傷俱主食祿，唯傷官剋正官原生家庭，
　　　　更有少小破出正系、他處立基之顯象〕
〔旁註：印強食傷弱，就是梟神奪食，必須異地求食蔭；

〔緣薄總論〕

　　　　印弱食傷強，則印耗福薄，亦是缺乏蔭護之義〕
● **年月干見偏印**，有與生母緣淺、其他長輩照顧的現象，
　若是印星雙透，則恐過房，甚至雙姓。
〔旁註：印就是世系，偏印就是旁門偏系。
　　　　正印多見，亦是偏印〕
● 年月若透傷官，亦是與原生家庭父母緣薄。
〔旁註：傷官剋正官，透干則眾知〕
● **年月干透七殺攻身**，顯見幼少自負家計艱苦，多因失去父
　母照應，所以緣薄。
　若是更見**財星黨殺**，則確定壓力來自父母之刑剋。
〔獨白：若非攻身不可逕斷。若身主根氣不弱見七殺，
　　　　乃是幼少受到嚴厲管教，不論緣薄〕
● **年月若見官印逢沖**，必早離原生家庭、他處求蔭安身。
〔旁註：年月正官主原生家庭，印逢沖則失蔭〕

遺腹子。……

◎ 顧名思義，遺腹子即尚未出生而父亡、不得見嚴君面。
　尤其出生當年，年柱月柱必動，從八字本身年月柱之生剋
　沖合即能論斷，不必論及大運。
● 建祿為格，更見年月干透比劫剋財星，必剋父。

〔旁註：建祿為格，本主自立自強、與祖上無緣，年月比劫透干，比劫通透了，財星虛浮剋而失。

年月主前運、財星主父〕

● 命局年月兩柱俱動，若見財星逢剋，則有剋父之義；尤其干支財星俱逢日主比劫之剋盡，恐是遺腹子。

早年喪父。……

◎ 命局先見六親緣薄，更見其他剋父的顯象，加上早年財星剋盡，即早喪父親。

〔旁註：命局無印則無蔭，主象是與母緣薄、不受蔭護；尤其正印是母星，又是原生家庭之蔭護。無財則主象是與父緣薄，其他六親亦是薄情〕

〔旁註：年月見比劫透干，都有早出社會而獨立的顯象；比劫暗剋財星，是六親緣薄的顯象〕

〔旁註：身弱而用獨印，有隨時失蔭的現象〕

● 身強，年月財星為喜而逢沖剋，父星必是衰微。

〔旁註：財星主父親，亦主原生家庭產業。財星逢沖剋，父輩家道中落，歲運剋盡財星則父喪〕

● 命局地支合會成劫局，尤其年月也有比劫；不論是否明見財星，俱是父弱顯象。

〔旁註：歲運若觸動合會之局，則財星容易剋盡，若是命
　　　　局無財，歲運財星入命必逢剋〕
● 身強不見財星，年月更見比劫通透或梟強暗生比劫。
〔旁註：財星不現，多是與父無緣；若更身強為忌、
　　　　年月更見比劫，則財星難存〕
● 身強梟印成局而比劫通透，年月更見財星虛浮或獨根。
〔旁註：梟印強生比劫、虛浮財星難存，若見梟神奪食於
　　　　年月，顯象亦是明顯〕
〔旁註：年月地支財星獨根遭蓋頭之剋、難以出頭，歲運
　　　　觸動則易財星逢奪而盡〕
〔旁註：年月屬早年運，比劫祿刃通透，必是早剋親情、
　　　　離鄉獨立；歲運見財星容易坐實逢剋，群劫爭財
　　　　則財星逢剋而盡〕
● 日主合正財，兩柱坐下俱是比劫。
〔旁註：日主財星之合鬆開，財星必見貼剋截腳而難存〕
● 從財破格，必見身弱難任財官；歲運更見財官剋身。
〔旁註：財星為父親，財星旺極、身主太弱，以財星為太
　　　　極，則父星旺極無依，所以喪父〕
● 日主無根虛浮、身弱用印，卻見財星壞印或印星逢沖；年
　月又見財星與比劫相貼或蓋頭。

〔旁註：財星壞印則父親不稱職而壞我福蔭，年月比肩雖是虛浮無力，然財星亦弱而受剋；總象則父親財星難存〕

● 日主無根虛浮、身弱用印，雖不見財星，卻見年月印星嚴重虛耗。

〔旁註：身弱用印，雖無財星壞印，然到底與父緣薄；印星在年月父宮虛耗、父親之故奪我福蔭〕

● 身弱無印，更見年月財星通透或財星黨殺。

〔旁註：身弱則難任財官，年月財星黨殺，則年幼時逢難以承受的父親之痛〕

〔旁註：年月殺旺攻身，多見不受父母之照顧蔭護，反是因父母之事戕害拖累；多是父母雙亡或被父母拋棄之現象〕

● 身弱無印，年月見財星剋洩交集。

〔旁註：身弱無印，註定不受親人蔭護；年月財星剋洩交集則父星難存〕

● 身弱無根，見印亦是虛浮無根，地支全是剋洩耗。

〔旁註：身印無根則不任財官食；地支剋洩耗匯聚，多見財星是命主難以承受之痛〕

早年喪母。……

◎ **本命印星不現，或年月已現與母緣薄顯象，因歲運沖動則喪母。**

● 年月見比劫祿刃、印不明現，月令母宮暗藏財星剋印。

〔旁註：日主根深、年月比劫祿刃，必須早年獨立；
　　　　印不明現而暗藏於忌神，終是母親無緣無助力；
　　　　母宮若逢歲運觸動則亦失，斯時喪母〕

● 身弱無根用印、財星滿佈，尤其年月見財星壞印。

〔旁註：用在年月而壞，與母無緣、幼少失怙的顯像〕

● 比劫祿刃通透而身強於年月，再見獨印逢合會化劫。

〔旁註：比劫祿刃通透于年月，不論財星是否明現，
　　　　都是六親無緣、早離家鄉、自立自強之命。
　　　　印星為忌則無母蔭，更見印星化劫，
　　　　則母親實是命主必須自立之主因。
　　　　歲運若使合會鬆開，多是印星逢剋而喪母之時〕

● 身強剋財、年月財星剋印。

〔旁註：身強剋財，多是六親緣薄、獨立自主；
　　　　年月財星剋印，多見前運早年失母〕

● 印星不顯、初運母宮逢剋，母親容易早逝。

● 身弱獨根印虛浮,年月財強。
〔旁註:財星強而印星虛浮,多是母先父亡之顯象。
　　　　尤其年月財強、明或暗剋母宮〕
● 日主無根,或有獨根而逢沖合,終是身弱難任剋洩耗;
　更見年月獨印不貼生日主、又逢食傷財星環繞,
　獨印難存則論喪母。
〔旁註:年月若見獨印逢剋則早喪母,逢食傷之耗則較遲〕
● 印星暗藏母宮而逢剋。
● 日主獨根無印財旺,獨根逢沖合,更見月支母宮逢合化財。
〔旁註:月支母宮乃正印本位,逢合則母宮化剋,
　　　　亦又失母蔭之義〕
● 日主獨根身弱,印星虛浮無力,更見年月剋洩耗群聚。
〔旁註:母星既是虛浮無力,年月不見比印、母宮亦弱〕
● 日主有根,印星通透更為強旺;更見強印匯聚年月。
〔旁註:年月匯聚印星團結為忌,正印亦是偏印,反是早
　　　　年他處尋蔭的現象〕
● 比劫祿刃通透而身強,無印或見獨印合化為劫。
〔旁註:若命局財星不弱,即使年月明見比劫剋財,亦論
　　　　喪失母蔭;年月剋財不盡,不論喪父。
　　　　財星論六親情緣,既是財星未逢剋盡,

則父親猶存，只是與父亦是無緣，可能遠行〕
〔旁註：年月不見財印，見比劫祿刃則是早年獨立自主〕

早年父母雙亡顯象。……

◎ 命局或年月柱已見父母緣薄、必須早年獨立之顯象，
再逢歲運財印逢沖剋而失，或致身弱難任財官，
就可能失去父母之蔭。

● 命局比劫強旺無財，初運更行比劫。
● 身強用財而年月財星逢沖剋。
● 日祿為格而身強，財星不現、見印而化劫。
● 年月柱見**比劫剋財、財星剋印、印剋食傷**。
〔旁註：尤其年月見比劫通透自坐而剋財星。
　　　　若初運更行比劫運則更顯〕
● 年月見劫無財且梟神奪食。
● 身弱印浮、難任財官，歲運見財星剋印則喪母，歲運財星逢合而化忌，多見喪父。
● 日主無根無印，難任財官；地支財旺而逢蓋頭，局全財星黨殺。
● 無印月坐財星，再逢早年歲運沖剋月柱。
〔旁註：無印則無蔭，財坐母宮則確定失母；

　　　　　歲運再沖財星，則恐失父〕

● 月柱逢年日兩柱天剋地沖。
〔旁註：月柱逢沖剋則先天父母宮遭傷〕

早年父母離異。⋯⋯單親成長。

◎ 年月多見比劫，必明或暗剋財星，早年親情有破；
　年月見財星壞印或傷官見官，早年不受原生家庭蔭護。
〔旁註：財印有氣而逢剋不盡，不論喪父喪母〕
依父或依母，以財印旺衰及何者貼近日主為斷。
財旺貼日多主依父、印旺貼日則多依母。
若在見財印逢合，亦恐所依父母再婚。

● 年月忌神匯聚、年柱見比肩截腳財星。
〔旁註：年月主少運，既是忌神匯聚，多見迍邅、家庭生
　　　　活動亂；財星虛浮逢剋，六親情緣有變〕
〔獨白：若是祿刃為格而比劫通透、明剋財星，恐失怙〕

● 年月干透財生官、官星通透為忌，反是殺旺攻身，多見父
　母親情引動之家庭傷痛。

● 年月見財星剋印星，印星有氣、逢剋不盡。
〔旁註：印星逢剋則福蔭遭傷，有氣逢剋則不論喪母〕

〔緣薄總論〕 141

● 傷官為格、年月比印透干虛浮。
〔旁註：傷官為格，多破祖離鄉；透比肩則早年獨立、
　　　　缺乏照應；年月不現財星，且印星虛浮無氣，
　　　　父母無緣、六親緣薄的顯象〕
〔獨白：食神為格而年支再見食傷，亦論傷官格〕

● 月令比肩建祿、年月正印逢合化梟，或群劫爭財。
〔旁註：建祿為格，多與父緣薄而早歲獨立；
　　　　正印化為偏印，乃無正母照應、必須另尋蔭護〕
〔獨白：群劫爭財則六親情緣有破，財星剋盡則恐失怙〕

● 年月比劫雙透、不見財印。
〔旁註：比劫雙透，必少小獨立，無印則缺照應；
　　　　透比劫而不見財星，財星暗剋，親無緣而猶存〕

● 年月比劫梟印匯聚。
〔旁註：見比劫而不見財，財星逢暗剋，親緣薄了；
　　　　梟印匯聚則早年不受原生家庭照應〕

● 財星不現、年月食傷雙透暗剋正官。
〔旁註：財星不現則與親緣薄，正官暗剋則早年不受原生
　　　　家庭照應〕

早年出養。……過房之命。

- 八字無印星、月上傷官,且第一大運與年柱互換空亡,命主多為人養子女。

〔旁註:正官為世系則傷官破出世系,印即是蔭,
　　　　無印則傷官不受剋制,命主破出不受蔭護〕

- 命局見印卻不能生身,亦主入繼過房。

〔旁註:印不生身即不護命主,但仍須見印何時逢破〕

- 年月干頭雖見正印而虛浮無根。

〔旁註:見生母而無力照蔭,或與原生世系緣薄〕

- 日主在年月無根、年月比劫虛浮截腳。

〔旁註:在年月無根則與難在原生家庭立足,
　　　　見比劫透干則少小必須獨立自主;

- 日主無根更見印星虛浮截腳,或剋洩交集。尤其是見偏印而不是正印。

〔旁註:命主無根則漂浮,年月見印而截腳,
　　　　與祖上父母緣薄〕

〔旁註:偏印即是旁係他處尋蔭。
　　　　無根而剋洩交集,難任原生家庭食祿〕

- 印星干頭兩現,尤其先見正印再見偏印。

〔旁註：有先後兩父母、兩家庭蔭護或雙姓之顯象〕
- 正印虛浮在年，後見偏印天透地藏。
〔旁註：年柱是祖上宮，正印是原生家系，虛浮則無蔭；偏印是旁支外求之照顧與蔭護，透藏有力方是真正人生，記受外來偏房照應〕
- 年月命見印耗福薄。
〔旁註：年月多見食傷為傷官匯聚、與原生停無緣，印逢時上耗弱而虛浮無力，見偏印更確。然無根則飄蓬、兄弟雖有而無靠〕
- 年月透傷官，再見財星壞印。
〔旁註：年月見傷官則破出原有世系家庭而他處立基，財星壞印則失蔭護，也是與原世系無情緣〕
- 年月明見正官逢傷及梟神奪食。
〔旁註：正官逢食傷則傷出世系，食神逢奪則無食而必須外求〕
- 地支財星黨殺、年干比劫截腳。
〔旁註：比劫截腳，雖是獨立而飄蓬於原系，財星是六親情緣，卻是造成命主身心創傷主源〕
- 月日地支偏財重現，亦是兩處六親情緣之現象。
〔旁註：年月地支主幼少家族內務〕

- 全局比劫梟印，再見年月梟神奪食或群劫爭財。
〔旁註：梟印當道則傷食、比強旺而傷財〕
- 從而不從，多是過房入繼之命。
〔旁註：身弱印虛而不從，必難任財官；年月多見忌神匯
　　　　聚，命主無緣祖上父母〕
- 前運見梟神奪食或財星壞印。

私生子女。……

- 多見身無明根，卻見七殺貼剋。
〔旁註：無根則飄蓬、不知來處，見七殺則不是正統〕
- 印星明現四柱，財星卻只暗藏於地支，或見財而逢合，多是私生子女。
〔旁註：印星主母，四柱明現則與母緣厚；
　　　　財星主父，暗藏則父親不見透光〕
〔獨白：書曰〈母明父暗是偷生〉〕
- 多見年月偏星匯聚，尤其傷官七殺多見。
〔旁註：傷官則不入祖宗系統，七殺不能繼承道統〕
- 年月群劫爭財、不見印星。
〔旁註：年月財星逢奪，與父親或源頭六親無緣，
　　　　無印則與原世系無緣、不受蔭護〕

父母刑剋無緣。……

● 財印不現，或年月明見財印交差。
〔旁註：財星不現，則六親緣薄〕
〔旁註：父母之間緣薄交惡，影響對命主之照顧〕

● 比劫多見而不見財星，或身弱難任財官，卻多見財星。
〔旁註：比劫剋財、不見財星，根本就是與父無緣〕
〔旁註：財官為忌則難享家庭親情之關愛，
　　　　尤其財星主父親，與父親尤其無緣〕

● 多見七殺攻身，或身弱財耗，或印耗福薄。
〔旁註：印星虛耗，則缺乏蔭護〕
〔旁註：年月明見七殺剋比劫，多是不受疼愛；
　　　　七殺攻身則幼少自負家計艱辛〕

〔遺腹子命造〕

戊午、甲寅、甲辰、癸酉。……遺腹子。

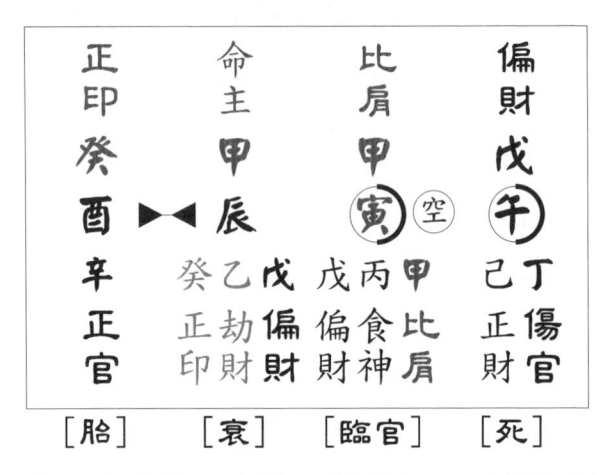

正印	命主	比肩	偏財
癸酉	甲辰	甲寅(空)	戊午
辛 正官	癸乙戊 正劫偏 印財財	戊丙甲 偏食比 財神肩	己丁 正傷 財官
[胎]	[衰]	[臨官]	[死]

緣薄顯象：建祿格而身強，更見年月財星逢剋。

● 甲木生於建祿寅月，為建祿格；月透甲木比肩，時透癸水正印；身主均停偏強命造，以剋洩耗為喜。酉金正官洩於正印癸水，辰土偏財洩於酉金，又受寅木比肩之貼剋、年干戊土偏財為月干甲木貼剋，俱不宜為用神，酌取年支午火傷官洩秀為用神。

〔遺腹子命造〕 147

- 與父無緣，父親過世三個月才出生。自小依母兄生活，凡事須自我打點。
〔旁註：建祿格本就是與祖無緣、自立自強之命，加上月柱比肩通透而剋年干偏財，剋父之意象極明〕
〔旁註：天干比肩正印貼身，母兄影響極深〕

【劉賁按】

◎ 更察出生年運，確定甫出生即見年月財星剋盡，偏財主父親，確定不見嚴君面。
〔旁註：出生未上運，以月柱論大運。
年月兩柱俱動，寅午脫合，寅木祿神動而暗剋財星，六親情緣有損；年干午火傷官動而暗剋官星，有家庭變故之象；月干比肩伏吟日主、俱來剋年干戊土偏財，命主及兄弟剋父了〕

壬戌、辛亥、戊午、丙辰。……遺腹子。

偏印	命主	傷官	偏財
丙	戊	辛	壬
辰	午	亥	戌
癸乙戊	己丁	甲壬	丁辛戊
正正比	劫正	七偏	正傷比
財官肩	財印	殺財	印官肩
[冠帶]	[帝旺]	[絕]	[墓]

緣薄顯象：身強印星通透、年月財星過度剋耗。

- 戊土生於偏財亥月，通根年時辰戌比肩，日坐午火印星陽刃、透出時干，身強之造，以剋洩耗為喜。身強不勞印生，應以財星破印為用，月令亥水偏財真神得用。唯用神逢年支貼剋而不得力。

- 日主根深身強，印星通透；印星貼近日主，財星較遠，有**父緣較差、母緣較佳**之顯象。

- 日主比印團結於日時，父星偏財匯聚於年月；既絕於日主，又逢比肩貼剋或截腳，終是與父緣薄。

- 乍看年月偏財通透，似乎父旺、不愁比肩來剋，然細查月日亥午暗合，亥水反不通氣年干壬水，

〔遺腹子命造〕 149

年干壬水偏財虛浮逢剋而失，確定剋父，故為遺腹子。
〔旁註：祖上父母宮見比劫剋財星，俱主剋父。
　　　　亥水偏財坐母宮而星剋宮，又來暗合日支午火；藏干壬丁合則財壞印，顯象父親不稱職而破我陰護福德；母親不能與夫君明見，有母存父喪之暗示。
　　　　藏干甲己合則殺剋身，因父親之故有切身之痛〕
〔獨白：年干見偏財父星，逢坐下比肩截腳而虛浮。
　　　　月支亥水偏財父星暗藏壬財生甲殺而洩弱，
　　　　甲木七殺又暗洩於日支午火之丁正印，
　　　　父親星幾至無氣；
　　　　亥水再逢年支戌土明剋，先天父氣難存〕

◎ 更察出生年運，確定甫出生即見年月干支財星剋盡，偏財主父親，確定不見嚴君面。
〔旁註：未上運，以月柱論大運。
　　　　運支亥水伏吟而動剋日支午火正印；
　　　　運干辛金傷官伏吟動合時干丙火，**梟神奪食**〕
〔獨白：地支偏財剋正印，因父親因素壞我福德。
　　　　天干梟神奪食，父宮食祿喪失〕
〔旁註：流年壬戌，太歲戌土動沖時支辰土，
　　　　辰戌比肩相併同剋月支亥水偏財；
　　　　歲君壬水偏財動犯日主戊土，日主剋財〕

丁亥、壬子、癸酉、丙辰。……。

正財	命主	劫財 月德	偏財
丙	癸	壬	丁
辰 ►◄	酉	子	亥
癸乙戊 比食正 肩神官	辛 偏印	癸 比肩	甲壬 傷劫 官財
[養]	[病]	[臨官]	[帝旺]

緣薄顯象：建祿格而身強，更見年月財星逢剋。

- 癸水生於建祿子月，年月丁壬合而坐下壬子，
  丁火妻隨夫化，而日支酉金偏印；
  身強之造，應以剋洩耗為喜。
  時支辰土正官與日支酉金合而洩化於印，
  最終只能取時干丙火正財為用神。

- 建祿格，年干丁火父星死絕無氣，年月柱三比肩圍剋丁火偏財，第一大柱又走劫財運，父星根本無存活機會。

〔旁註：年干丁火財星化劫，父親消失、換得命主自立。
　　　　未出娘胎便註定剋父〕

筆　記　欄：

〔早年喪父命例〕

乙未、甲申、甲子、庚午。……坤造。

七殺	命主	比肩	劫財	〔坤造〕
庚午	甲子	甲申	乙未	
己丁 正財 傷官	癸 正印	戊壬庚 偏財 偏印 七殺	乙丁己 劫財 傷官 正財	
[死]	[沐浴]	[絕]	[墓]	

緣薄顯象：身弱用印而逢沖、年月透比劫而蓋頭財星。

- 甲木生於七殺申月，雖年月干透比劫，但俱無明根，純靠日支子水正印生身為用；唯月日申子合，雖是相生，但子印逢合逢沖則蔭身力微，難以取用，終以未中乙木劫財為用神。

- 身弱無根用印，印既是無力，年柱財星未土逢蓋頭，除了家業飄搖之外，亦恐失怙。

〔早年喪父命例〕

出處註明〈生下數月即父死〉。

〔旁註：尚未上運自以月柱為大運，因此原命年月柱之乙
　　　　未及甲申俱是伏吟而動〕

〔旁註：大運甲申伏吟而動，運支申動觸動子水、
　　　　子水沖動午火，並犯未土而**財星壞印**，
　　　　因父而失家蔭；午動而剋申金，**剋洩交集**。
　　　　天干甲乙木亦動而犯時干庚金，**殺旺攻身**，
　　　　身世飄搖了〕

〔旁註：出生年乙未，太歲未土合時支午火不住，
　　　　未土動剋日支子水，還是**財星壞印**；
　　　　歲君乙木動合時支庚金七殺，七殺根深，
　　　　出生當年即有**七殺攻身**之義〕

〔獨白：年月見比劫透干，都有早出社會而獨立的顯象；
　　　　加上財星單薄逢蓋頭於年柱，父蔭不彰；
　　　　更見正印逢合逢沖，母蔭亦是不足。
　　　　原命未土動剋子水而破印，但逢申午亦動，
　　　　財星實是剋洩交集，且干頭甲乙木蓋頭之剋。
　　　　終是父亡失蔭之顯象〕

甲辰、乙亥、甲子、丁卯。……坤造。

〔坤造〕	比肩 甲辰 月德 戊 偏財	劫財 乙亥 天德 癸 正印	命主 甲子 月德 癸 正印	傷官 丁卯 乙 劫財	〔甲日主流年〕 7 七殺 庚戌 偏財

〔大運〕陽女 2 比肩 甲戌 偏財

[帝旺] [沐浴] [長生] [衰]

緣薄顯象：年月比劫雙透、財星逢剋。

● 甲木生偏印亥月，年月甲乙比劫雙透，通根時支陽刃，又自坐子水正印，身強之造，應以剋洩耗為喜。
取用宜以地支優先，然年支辰土有甲木比肩蓋頭，不能為用，只能酌取時干丁火傷官為用神。

● 綜觀全局，年月雙透比劫，早年獨立自主；
月日兩支見印，而財星在年遭蓋頭之剋，
顯見與母緣緣厚而與父緣薄、早出社會。

〔旁註：年見比肩坐偏財，早年六親情傷，猶恐剋父〕

● 大運甲戌，流年庚戌7歲喪父。

〔早年喪父命例〕

〔旁註：甲戌大運，戌土偏財入命沖年支辰土，
　　　　辰土偏財動而合剋日支子印星，**財星剋印**；
　　　　戌土沖後又來合時支卯木，合不住而**財星逢剋**。
　　　　天干甲木伏吟日主比肩、動生時支丁火傷官〕
〔獨白：大運地支財星剋印，有失蔭家破之現象。食傷為取
　　　　食，天干日主劫財發動而生食傷，命主及兄弟姊妹
　　　　必須自己尋找食祿了〕
〔旁註：流年庚戌，地支歲運伏吟而沖年支辰土，
　　　　運命子辰脫合，辰土偏財動剋亥子印星，
　　　　且犯時支卯木劫財。
　　　　天干庚金七殺入命逕合乙木劫財，且有剋命主之
　　　　義〕
〔獨白：歲運地支併臨而財星剋印，且犯卯木劫財，
　　　　財星孤弱，事實上是剋耗交集而滅；
　　　　剋財失印，是父死而失蔭護之現象〕
〔獨白：流年天干七殺庚金入命剋命主劫財，即是壓力重擔
　　　　強加，命主及其兄弟姊妹必須自負家業責任了〕

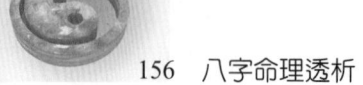

壬午、乙巳、甲辰、辛未。……

正官 天德 辛 未	命主 甲 辰	劫財 乙 巳	偏印 壬 午
乙丁己 劫傷正 財官財	癸乙戊 正劫偏 印財財	庚戊丙 七偏食 殺財神	己丁 正傷 財官
[墓]	[衰]	[病]	[死]

**緣薄顯象：日主虛浮無根，印星亦是虛浮。
年月財星暗藏或化傷官。**

● 甲木生於食神巳月，月透乙木劫財、年透壬水偏印，
然地支見巳午未三會傷旺，俱是無根而虛浮。身弱之造，
應以比劫印星為喜。
然甲木生於巳月，辰土中之癸水難存，只能勉取辰中乙木
劫財為命局用神。

〔早年喪父命例〕 157

● 月干父宮劫財佔位,父受刑剋；
命局財星逢三會而傷官局於年,
命主早年離開家世正系之現象。
月透乙木劫財、年透壬水偏印,
宜於早年獨立、另尋蔭護情緣。

● 媽媽是越南女,出生三四個月,生父就走了；隨母親再嫁來台灣。
〔旁註：地支傷官則與原出生世系無緣,
年透偏印就是異地尋求蔭護。
年月財星暗藏,巳午未三會則財星煙消；
月透乙木劫財,也是自小失蔭獨立自主之顯象〕

戊戌、戊午、甲戌、乙丑。……從財格。

	劫財	命主	偏財	偏財
	乙	甲	戊	戊
	丑	戌	午	戌
	辛癸乙 正正正 官印財	丁辛戊 傷正偏 官官財	己丁 正傷 財官	丁辛戊 傷正偏 官官財
	[冠帶]	[養]	[死]	[養]

〔甲日主流年〕
4 正官 辛丑 正財

緣薄顯象：日主虛浮無根，年月更見財旺為忌。

● 甲木生於傷官午月，地支二戌丑土正偏財，年月干透雙戊土偏財；除了時干見乙木劫財之外，日主毫無生扶，只能棄命相從，取為假從財格，財星為用神、食傷為喜神。從財食傷為喜則官殺為忌。

● 4歲流年辛丑，尚未上運，父亡。

〔旁註：丑土正財入命伏吟時支，財星旺動；
　　　　辛金正官入命破格，且逕剋日主及乙木劫財。
　　　　身弱難任財官，家庭破碎。
　　　　財為父親及情緣，官為家庭〕

〔早年喪父命例〕

乙巳、乙酉、乙丑、甲申。⋯⋯

	比肩	比肩	命主	劫財
（大運）陰男	乙巳	乙酉	乙丑	甲申
	丙傷官 戊正財 庚正官	庚正官 辛七殺	乙偏財 癸偏印 辛七殺	戊正財 壬正印 庚七殺
	[沐浴]	[絕]	[衰]	[胎]

1 劫財 甲申 正官

緣薄顯象：身主無根、印星暗藏，財星逢合化殺攻身。

〔旁註：財星化殺攻身，因父親之事而有難以言喻之痛。
地支主心理、家族內部事物〕

● 乙木生於七殺酉月，天干再見二乙一甲，五行俱是木，然地支無根；地支年月日巳酉丑三合金殺局，時支又是申金正官，全是剋身之物。
局成地支全剋天干，正是**《滴天髓》**所言
〈天全一氣，地道莫載，地全三物，天道莫覆〉。

● 由於干透比劫眾多，藤蘿繫甲，乙木亦以甲木論；地支殺雖旺卻又不透，難以論從。

身主既是無根,自是以身弱論,應以比印為喜。

● 綜觀全局,全局僅現金木兩行相剋,地支全是官殺;
地支主家族內部,家族親緣有難以負荷之刑傷。
財星不現,已有與父緣薄之象;更透比劫剋財之神,
地支俱是官殺洩財之神,財星剋洩交集、難以存活,
確定與父妻無緣了。

〔旁註:月干本是財星父星之正位,卻逢比肩佔宮;
　　　　不見財星則暫不逕剋,但逢歲運觸動則剋〕

〔獨白:證實幼少喪父、屢婚屢散〕

丙辰、庚寅、丙午、壬辰。……

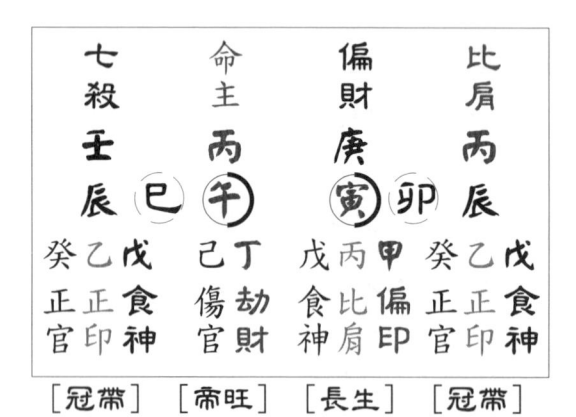

七殺	命主	偏財	比肩
壬辰	丙㊺	庚㊗	丙辰
癸乙戊 正正食 官印神	己丁 傷劫 官財	戊丙甲 食比偏 神肩印	癸乙戊 正正食 官印神
〔冠帶〕	〔帝旺〕	〔長生〕	〔冠帶〕

緣薄顯象：身強、日坐陽刃貼剋月干偏財，年月比肩剋財、梟神奪食。

- 丙火生於長生寅月，自坐午火陽刃，年干透丙火比肩；
  加之年月暗夾卯木，身主強旺，必以剋洩耗為喜。
  身主根深，不勞印生，應取財星破印為用。
  然庚金財星逢丙火比肩貼剋，難以為用，終取時支辰土洩秀為用神。

- 年支辰土逢寅梟相貼，有奪食而他處尋蔭之義。
  月令寅木偏印，有另尋庇蔭之義；雖有庚金偏財蓋頭，
  然逢日支陽刃劫財之合，不受財星之剋，且有化火之機，
  寅午合論劫財，則命局顯象群劫爭財；
  更且年月見比肩剋財，喜用財星被剋壞，幼年喪父。

  《闡微》原註：〈……幼年喪父，依母轉嫁他姓……〉。

庚午、癸未、丙戌、戊戌。……。

食神 戊戌 丁辛戊 劫正食 財財神	命主 丙戌 丁辛戊 劫正食 財財財	正官 癸未 乙丁己 正劫傷 印財官	偏財 庚午 己丁 傷劫 官財
[墓]	[墓]	[衰]	[帝旺]

（大運）陽男

7 偏印 甲申 偏財

〔丙日主流年〕
7 比肩 丙子 正官
〔父車禍亡〕

緣薄顯象：身弱獨根，且獨根在年月逢合；年月財星虛浮而截腳。

● 丙火生於傷官未月，通根年支陽刃，別無生扶，身弱之造，應以比劫印星為喜。
毫無疑義，取日支午火為用神。
〔旁註：以主氣論，午火是獨根；然未月屬夏季火地，日時戌土是為火庫，均暗藏丁火，仍屬微根。若是午火逢沖剋，能損財或身體有恙，卻不會迅即撒手〕

〔早年喪父命例〕

- **身弱本已難任財官,獨根逢合更是難任;
  更見身根有財星來耗,乃受父累之現象。
  年月財星虛浮逢截腳,剋父顯象。**

- **大運甲申,七歲流年丙子,父車禍亡。**
  〔旁註:大運甲申,運支申金劫財入命,得戌土相生;
  　　　甲木偏印入命逕剋時干戊土,印弱食強,
  　　　反是**印耗福薄**之顯象〕
  〔旁註:流年丙子,子水入命沖年支午火,午未脫合,
  　　　戌未爭合午火而不合,戌未土同動、
  　　　來剋太歲之子水正官,**傷官見官、剋洩交集**;
  　　　午火則脫出動剋運支申金偏財,**父星遭奪**。
  　　　歲干丙火入命伏吟日主、動剋年干庚金偏財,
  　　　干支俱是偏財逢剋,**父星遭奪**〕
  〔獨白:大運申金偏財入命,因午未合不破,
  　　　所以不受剋;但是流年沖開午未合,
  　　　則申金到底受剋了。
  　　　申金為年日雙柱的驛馬,有交通事故之象〕

甲寅、甲戌、丙戌、乙未。……

正印	命主	偏印	偏印
乙未	天德 丙戌	月德 甲戌	甲寅
乙丁己 正劫傷 印財官	丁辛戊 劫正食 財財神	丁辛戊 劫正食 財財神	戊丙甲 食比偏 神肩印
[衰]	[墓]	[墓]	[長生]
寡宿 天乙 元辰		華蓋	華蓋	紅豔

（大運）陽男

10	69	59	49	39	29	19	9
正官 癸亥 七殺	正財 辛巳 比肩	偏財 庚辰 食神	傷官 己卯 正印	食神 戊寅 偏印	劫財 丁丑 傷官	比肩 丙子 正官	正印 乙亥 七殺

〔丙日主流年〕

緣薄顯象：身主無根而梟旺奪食、財星不現。

● 丙火生於食神戌月，天干全梟印、通根年支寅木偏印，身強之造，應以剋洩耗為喜；月日時全是食傷，

〔早年喪父命例〕

通篇梟神奪食之象，勉取日支戌土食神為命局用神。

〔**主象：梟神奪食、印耗福薄。**全局梟神通透、剋傷食神，然食神戌未全在地支三連而團聚，印星獨支在年，亦是耗損〕

● 出處註明〈享祖先之福蔭……小兒麻痺、不良於行……其父在他十歲時亡故〉。

〔旁註：年月梟神匯聚而母強奪食，已有良能受損顯象，
食傷受損於日時，主下身殘障；
不見財星則六親緣薄，父親尤其緣薄〕

〔**獨白：本來年月梟神奪食，本是與祖無緣難享之象，
然月日時食傷串連而強，雖仍是奪食，
但有任印之象，仍有蔭護**〕

〔旁註：大運乙亥、10歲流年癸亥，亥水七殺相併入命，
爭合年支寅木而合不住，反造成四支全動、戌未食傷圍攻亥水七殺，傷官見官之義，寅木亦是虛耗飄搖；天干水生木而梟印更強〕

〔**獨白：歲運地支傷官見官，家庭有損；
寅木印根飄搖，天干徒自生旺而支撐不穩。
印即是蔭，財星不現，父蔭不存了**〕

丙申、庚子、丁巳、己酉。……坤造。

〔坤造〕	劫財 丙申 庚正財 壬正官 戊傷官	正財 庚子 癸七殺	命主 丁巳 天德 丙劫財 戊傷官 庚正財	食神 乙酉 辛偏財
(大運) 陽女				
4 食神 己亥 正官				4 食神 己亥 正官〔丁日主流年〕
	[沐浴]	[絕]	[帝旺]	[長生]

日時巳酉合、丁巳日柱合

緣薄顯象：身弱無印則難任財官，更見財星黨殺。

● 丁火生於七殺子月，通根坐下巳火劫財，
年透丙火劫財，但身主偏弱，仍須以比劫印星為喜，
毫無疑義，只能以日支巳火劫財為用神。

〔旁註：丁巳日柱本是根氣不弱，唯日時巳酉合，
終是因財星而失支撐、難任財殺〕

● 年柱見劫財坐正財，且年月干透財星之剋，
命主必是少逢六親情緣之痛、必須早年自立求財。

〔旁註：年月財星逢剋，刑剋父親之現象；
　　　　唯比劫干支分隔而氣弱，父星不受遙剋，
　　　　但逢歲運觸動即剋〕

● 大運己亥，4歲己亥流年，父死。
〔旁註：歲運伏吟入命，地支亥水入命沖日支巳火，
　　　　巳酉合鬆脫，巳火即發動與子水爭合申金，
　　　　申子脫合，子酉相生而巳火劫財合剋申金正財。
　　　　天干己土食神入命伏吟時干而洩秀生財；
　　　　日主丁與劫財丙逢觸動，亦來剋庚金正財〕
〔獨白：此歲運，地支財星被剋，失父之現象；
　　　　天干洩秀生財，宜於獨立自尋生計，
　　　　日主劫財動剋正財，亦是剋父顯象〕

乙未、己丑、丁丑、癸卯。……坤造。

〔坤造〕	偏印 乙未 乙丁己 偏比食 印肩神	食神 乙丑 辛癸己 偏七食 財殺神	命主 丁寅 辛癸己 偏七食 財殺神	七殺 癸卯 乙 偏印
	[冠帶]	[墓]	[墓]	[病]

※ 表中丁柱地支為 丑，寅為註記。乙丑與乙未相沖。

緣薄顯象：日主無根虛浮、全憑印扶、命局無財，年月更見印星虛耗。

- 丁火生於食神丑月，日主無根、全憑印扶，時支見卯木偏印、透年乙木偏印；身弱之造，比劫印星為喜。時支卯木偏印是用神。

- 年月兩柱天剋地沖，祖上破敗、與祖輩緣分淡薄，命主也沒有祖蔭可享。年月干透偏印剋食，食傷忌神匯聚通透而印虛，乃是印耗福薄之顯象。在在指出命主幼時食祿不豐、必須另尋庇蔭。出處註明：〈……早年喪父……〉。

〔旁註：命局無財則與父緣薄，年月本藏財星，
相沖則餘氣盡失，必屬早年失父失蔭〕

〔早年喪父命例〕

丙申、己亥、丁酉、壬寅。……坤造。

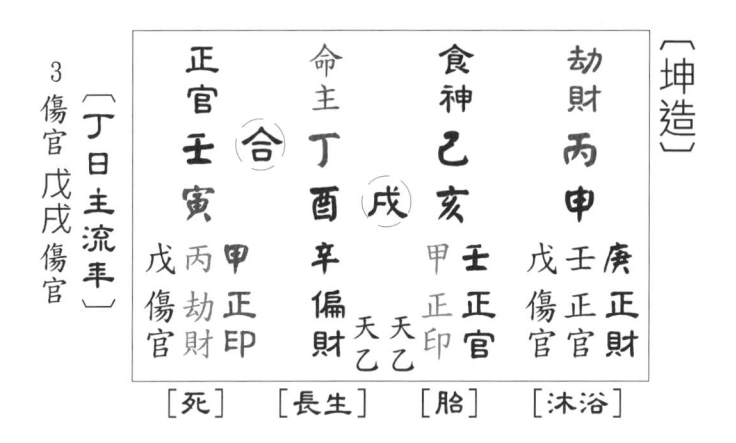

〔坤造〕

劫財 丙申	食神 己亥	命主 丁酉	正官 壬寅
庚 正財 壬 正官 戊 傷官	壬 正官 甲 正印 天乙	辛 偏財 天乙	甲 正印 丙 劫財 戊 傷官
[沐浴]	[胎]	[長生]	[死]

亥戌合

〔丁日主流年〕
3 傷官戊戌傷官

**緣薄顯象：日主虛浮用印卻見財星壞印，
　　　　　年月更見比劫虛耗、財官逢蓋頭。**

● 丁火生於正官亥月，年透丙火劫財，時支寅木正印，別無生扶，身弱之造，應以比劫印星為喜。
以時支寅木正印為命局用神。

● **年月食神財官忌神匯聚，反論命主幼少失祿失蔭。
年柱見正財蓋頭，且年月干透劫財食神洩秀，
為早離家鄉、自尋食祿的現象。**

169

〔旁註：日主虛浮用印而逢財壞，福德蔭護因父星而壞〕

● 尚未上運，3歲流年戊戌，喪父。
〔旁註：未上運，以月柱為大運，己亥伏吟而動。
　　　　亥水動而生合時支寅木。
　　　　天干己土食神動而洩丙火劫財〕
〔獨白：寅亥官印家庭母蔭俱是合絆而無作用。
　　　　食神動洩劫財，獨立自尋食祿〕
〔旁註：戊戌流年，戌土入命，歲命申酉戌三會財局。
　　　　天干戊土傷官入命洩日主及劫財丙丁火〕
〔獨白：歲運地支正財化為偏財，
　　　　家中原生財情幻化成外來財情，
　　　　也是生父變成繼父的顯象〕

〔早年喪父命例〕

丁酉、己酉、戊子、丙辰。……

〔大運〕陰男	正印 丁酉 辛傷官	劫財 乙酉 辛傷官	命主 戊子 癸正財	偏印 丙辰 癸正財 乙正官 戊比肩	〔戊日主流年〕
3 比肩 戊申 食神					4 食神 庚子 正財 〔喪父〕
	[死]	[死]	[胎]	[冠帶]	

緣薄顯象：多見比印而身強，更見財星逢合剋；月干劫財佔父宮。

● 戊土生於傷官酉月而失時，本來日主通根時支辰土，天干全是印比，身主應以旺論；然日時子辰半三合，又有二酉金相生，辰以水庫論；日主失其根，變成身主稍弱，應以印比為喜。
由於本局酉金傷官佔月令，故為最大忌神；印能剋傷，故取傷官配印為用。丁火雖近鄰酉金傷官，但離日主較遠，還是取丙火偏印為用神。

- 論父母，局內丙丁火印星無剋，母應壽長；財星子水逢合剋，剋父之顯象、父親壽較短。

- 大運戊申，4歲庚子流年喪父。
〔旁註：大運戊申，運命申子辰三合水財局，
　　　　得傷官相生而暗剋印星，
　　　　身主更弱、更難任洩耗。
　　　　運干戊土比肩入命，身主更強，更是獨立顯象〕
〔旁註：流年庚子，歲支子水入命，加入三合局而伏吟，
　　　　三合鬆動，辰土動出而剋子水財星，**財星逢奪**；
　　　　天干庚金食神雖通根入命，逕犯丙丁印星，
　　　　印星虛浮，**福德被虛耗而失蔭助**〕
〔獨白：食神動犯印星，雖食神根深，
　　　　還是有梟神奪食之義〕

〔早年喪父命例〕

己酉、戊辰、戊午、丁巳。……坤造。

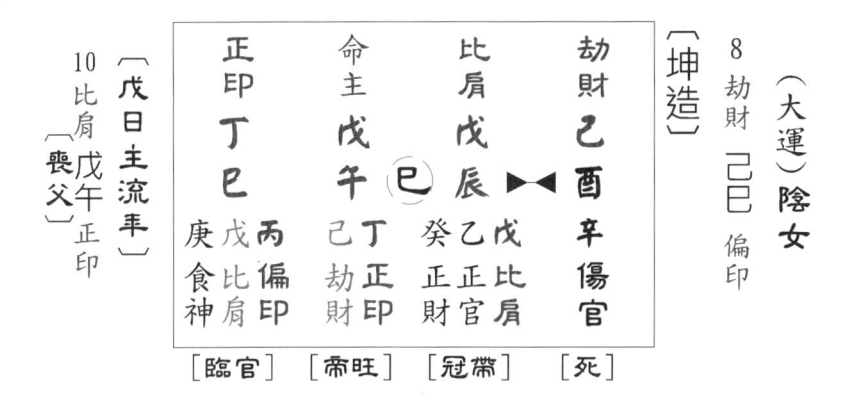

	劫財	比肩	命主	正印
(大運) 陰女	乙酉 辛 傷官	戊辰 癸 乙 戊 正財 正官 比肩	戊午 己 丁 劫財 正印	丁巳 庚 戊 丙 食神 比肩 偏印
8 劫財 己巳 偏印				
10 比肩 戊午 正印				
〔戊日主流年〕				
〔喪父〕				
	[死]	[冠帶]	[帝旺]	[臨官]

緣薄顯象：身強不見財星，年月更見比劫通透。

- 戊土生於比肩辰月，干透戊己比劫，梟印亦是通透；
  以比肩佔月令、專旺可見食傷，格成**專旺稼穡**。
  土為用神、火為喜神，金食傷為吉神。
  然以火行梟印太旺，金水難存、不能調候，
  火炎土燥，格局不高反賤。
- **財星不見則與父無緣，年月見比劫通透而強，
  必暗剋財星，命主少小獨立自主。**
- 大運己巳，10歲流年戊午，喪父。

〔旁註：大運己巳，巳火伏吟，與辰土爭合酉金，

　　　　辰酉合鬆脫，反見巳火動剋年支酉金傷官，

　　　　梟神奪食之義，家中必多變故〕

〔旁註：流年戊午，伏吟日柱，比印更旺，

　　　　巳午烤乾辰土，財星更難出頭；

　　　　巳午梟印動剋酉金食傷，**梟神奪食**，

　　　　原有食祿喪失而另尋庇蔭之象〕

壬戌、壬寅、戊午、己未。……坤造。

	偏財	偏財	命主	劫財
〔坤造〕	壬戌	壬寅	戊午	己未
	戊比肩 辛傷官 丁正印	甲七殺 丙偏印 戊比肩	丁正印 己劫財	乙正官 丁正印 己劫財
	〔墓〕	〔長生〕	〔帝旺〕	〔衰〕

（大運）陽女

5　傷官 辛丑 劫財

〔戊日主流年〕

10　傷官 辛未 劫財

緣薄顯象：身強劫旺而財星虛浮。

●戊土生於七殺寅月，通根年時戌土比肩未土劫財、

透出時干己土劫財,又日坐午火正印,地支寅午戌三合梟局,身強之造,應以剋洩耗為喜。

綜觀全局,寅木七殺已經化印,自是不能為用;

年干壬水遭坐下比肩截腳,亦不宜取用,

終究只能勉取月干壬水偏財為用。

- **命局群劫爭財,更見年月兩干壬水偏財虛浮,**
坐下劫印強旺,六親無力,尤其父親更是緣薄。
- 大運辛丑,10歲流年辛未,父死,

〔旁註:大運辛丑,運支丑土入命而丑戌未三刑齊全、
比劫旺動;三合鬆脫,寅木動而洩於午火正印;
運干辛金傷官無根入命,有洩秀生財之義,卻無實質〕

〔獨白:此運地支旺動生身剋財,天干徒自傷官生財〕

〔旁註:流年辛未,歲支未土入命伏吟時支,
還是**比劫逢刑而旺動、暗剋財星**;
年月壬水偏財無根虛浮,逢歲支辛金傷官觸動,
反有犯戊己日主劫財之象,終是日主剋財之顯象〕

〔獨白:大運三刑即使不破三合,未土劫財逢觸動,天干壬水無根,還是有受剋之義〕

辛卯、庚子、戊戌、癸丑。……

傷官	食神	命主	正財
辛	庚	戊	癸
卯	子	戌	丑
乙 正官	癸 正財	戊辛丁 比傷正 肩官印	乙癸辛 劫正傷 財財官
[沐浴]	[胎]	[墓]	[養]

緣薄顯象：印星不現、母宮坐剋，年月傷官見官、財星逢剋。

- 戊土生於正財子月，通根日時兩支比劫，身主不弱，但無月令生扶，身主仍屬偏弱，應以比劫印星為喜，終以日支戊土比肩為用神。
- 父親早亡，母隨人走，與兩位妹妹相依為命。

〔旁註：年月兩柱俱是忌神，年支正官逢辛金傷官蓋頭，又是破祖顯象，與先祖父母無緣、難得照應〕

〔獨白：日時戊癸合，日主合財、干頭只見食傷之洩，顯見命主自食其力了。全局不見印星，日支戊土貼剋月支母宮之父星，顯見命主剋父，且與母親六親緣薄〕

戊戌、甲寅、己未、己巳。……坤造。

〔坤造〕			
劫財 戊戌	正官 甲寅	命主 己未	比肩 己巳
丁辛戊 劫食劫 印神財	甲丙戊 正正劫 官印財	乙丁己 七偏比 殺印肩	丙戊庚 正劫傷 印財官
[養]	[死]	[冠帶]	[帝旺]

〔大運〕陽女

3 偏財 癸丑 比肩

〔己日主流年〕
3 傷官 庚子 偏財
〔喪父，母改嫁〕

(合 乙未 己午)

緣薄顯象：身強比劫祿刃通透、不見財星，年月更見比劫通透。

- 己土生於正官寅月，年時透出戊己劫比，通根年日劫財比肩，時支又是印星，身強之造，應以剋洩耗為喜。以月支寅木正官為用神。

- **本造全不見財星，更加年支劫財通透，即是暗剋財星之現象，必須早年獨立；其實就是剋父、與父無緣的顯象。**

月柱正官坐正官，身強能任則掌權，
事實上自小失怙獨立，不自掌家權亦難。

- 大運癸丑，3歲流年庚子，喪父而母親改嫁。
〔旁註：癸丑大運，丑土比肩入命，沖日支未土，
並丑戌未三刑齊全，未土動犯寅木正官。
天干癸水偏財入命為年干戊土劫財合剋〕
〔獨白：此大運正官被耗弱，家庭飄搖；
天干偏財逢劫財合剋，應有六親之傷痛〕
〔旁註：流年庚子，子水偏財入命剋巳火正印而犯戌未，
財星剋耗過度而難存，印星受傷亦失。
天干庚金傷官入命逕剋甲木正官〕
〔獨白：太歲財星被剋耗殆盡，加上大運天干本已剋財，
此年干支財星俱是逢剋，故而喪父；印逢財壞，亦
失母蔭〕
〔獨白：天干正官逢傷，加上大運之正官本就飄搖，
此年家庭破碎了〕

〔早年喪父命例〕

癸巳、己未、己未、甲戌。……

正官	命主	比肩	偏財
天德 甲 月德	己	己	癸
戌	未	未	巳
丁辛戊 偏食劫 印神財	乙丁己 七偏比 殺印肩	乙丁己 七偏比 殺印肩	庚戊丙 傷劫正 官財印
[養]	[冠帶]	[冠帶]	[帝旺]

（大運）陰男

1 劫財 戊午 偏印

（午）

7 比肩 己亥 正財
〔己日主流年〕
〔喪父〕

緣薄顯象：身強而財官虛浮，年月更見比劫通透剋財。

● 己土生於比肩未月，地支全是比印，月干透己土比肩，身強以剋洩耗為喜。年干癸水偏財有比肩貼剋，故取時干甲木正官為用神。然而細察，日時甲己合而坐下戌未，甲木**夫隨妻化**，最終還是勉強以年干癸水為用神。

● 身強以財為喜用,然年干癸水偏財休囚於月令,
且逢月干貼剋,與父緣薄之顯象;
甲木正官合日主而化劫,命主必須自立持家。
〔旁註:正官為家庭、為責任〕

● 大運戊午,7歲己亥年喪父。
〔旁註:大運戊午,午火偏印入命、巳午未三會劫局,
必**暗剋財星**;戊土劫財入命合剋年干癸水偏財,
父星逢奪〕
〔旁註:流年己亥,入命與年柱天剋地沖,
說明其幼少環境多變遷而不安。
亥水財星沖年支巳火正印,**因父失去庇蔭之象**;
巳午未三會鬆脫,未戌俱動而剋亥水正財,
財為父、剋父之象;己土伏吟日主及月干比肩,
發動來剋年干癸水偏財,
說明**命主與其兄弟剋父了**〕
〔獨白:若是建祿格而見月透比劫、明剋年干財星,
就是出生則不見嚴君面〕

〔早年喪父命例〕

辛丑、庚子、己亥、甲子。……從財格。

| 13 偏財癸丑 比肩 | 12 正財壬子 偏財 | 〔己日主流年〕 | 正官 甲子 癸 偏財 | 命主 己 亥 甲 正官 壬 正財 | 傷官 庚 子 癸 偏財 | 食神 辛 丑 辛 食神 癸 偏財 己 比肩 | 8 比肩 己亥 正財 | （大運）陰男 |

　　　　　　　　［絕］　［胎］　［絕］　［墓］

緣薄顯象：從財破格，必見身弱難任財官。

- 己土生於偏財子月，本通根於月支丑土，然地支亥子丑三會財局，干透食傷而官星合日主，財星雖是不透，然地支一片汪洋為財，宜為從財格。

- 官星為家庭組織，干透傷官見官，官弱逢剋，家庭不圓滿之顯象。地支比肩剋財、比肩化為財星，主剋父、遭受父累及六親緣薄。

- 初運己亥，12歲壬子流年，喪父。

〔旁註：大運己亥，運支亥水入命伏吟日支而從格破，亥子丑三會鬆脫，丑土比肩脫出動剋亥子，反是化為泥漿。運干己土比肩入命、伏吟日主，甲己脫合，日主既逢官剋，又洩於食傷庚辛；甲木正官無根而動犯庚辛，**傷官見官**了〕

〔**獨白：此運破格，命主身弱難任剋洩耗；地支身弱難任財，難以承受親人之痛；天干正官逢破，家庭變故；破而又剋，又進入另一個家庭組織之意象**〕

〔旁註：流年壬子，歲支子水歲運伏吟，年支丑土比肩動剋亥子財星；歲干壬水正財入命逕犯日主。干支財星強大而身主弱，命主難承受財星親情之耗〕

〔**獨白：財星為父親，財星旺極、身主太弱，以財星為太極，則父星旺極無依，所以喪父**〕

● 13歲流年癸丑，母親改嫁，由祖父母帶大。
〔旁註：歲支丑土比肩入命伏吟年支動剋亥子財星；歲干癸水偏財入命逕犯日主，財星為六親情緣，還是身弱難任強財，有六親情緣之痛〕

〔**獨白：幼時以財星為父，論正偏則歲干偏財為繼父。偏財入命犯日主，是繼父進入生活讓我情傷的顯象**〕

〔早年喪父命例〕

庚戌、丙戌、庚戌、丙子。……

比肩	七殺	命主	七殺
庚戌	丙戌	庚戌	丙子
戊偏印 辛劫財 丁正官	戊偏印 辛劫財 丁正官	戊偏印 辛劫財 丁正官	癸傷官
[衰]	[衰]	[衰]	[死]

〔庚日主流年〕
6 正財乙卯正財
〔喪父〕

日支亥

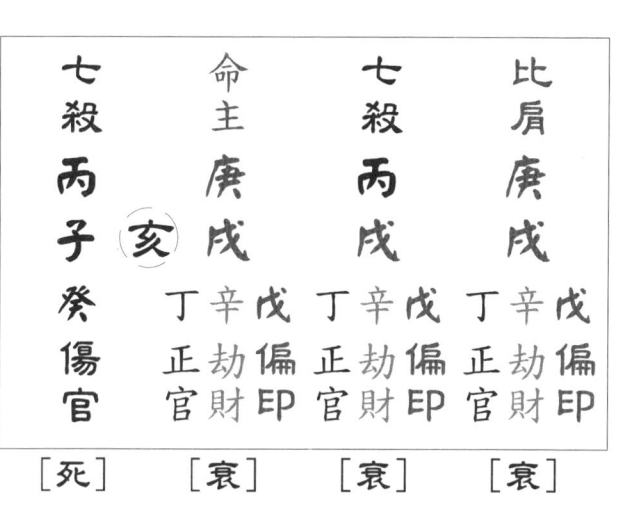

緣薄顯象：身強不見財星，年月更梟強暗生比劫。

● 庚金生於偏印戌月，年日又見戌土偏印，年透庚金比肩，身強之造，應以剋洩耗為喜。
時支子水逢日支偏印貼剋，月干丙火七殺則洩於坐下戌土偏印，故而只能以時支丙火七殺為用神。

● 財星不見則與父無緣，年月見比劫通透而強，必暗剋財星，命主少小獨立自主。

**全局地支梟神旺奪食，命主年幼失蔭而失食祿，
必須另尋蔭護的現象。**

〔旁註：庚金日主雖不見祿刃明根，然多見戌而梟生劫，
　　　　與祿刃根深劫旺無異〕

● 本造6歲流年乙卯，尚未上運即逢父親逝世。
〔旁註：未上運則以月柱論大運。
　　　　月柱丙戌動，地支戌土伏吟而剋子水傷官，
　　　　有**梟神奪食**之義；天干丙火伏吟動剋日主比肩，
　　　　有難以承受之傷痛上身〕
〔旁註：**原局不見財星，已現與父緣薄之象**。
　　　　流年乙卯，正財通透入命；
　　　　卯木同時合剋三個戌土，
　　　　既合不住，反遭群梟耗弱殆盡；
　　　　乙木財星失根入命、逢日主比肩庚金爭相合剋，
　　　　終至剋盡不存，實是日主兄弟剋父之義〕

丁丑、乙巳、辛丑、乙未。……坤造。

```
〔坤造〕
                   命主
        偏財  天德  辛    偏財  七殺
        乙    紅豔  丑    乙    丁
        未          ►◄    巳    丑
        乙丁己  辛癸己  庚戊丙  辛癸己
        偏七偏  比食偏  劫正正  比食偏
        財殺印  肩神印  財印官  肩神印
        [衰]   [養]   [死]   [養]

〔大運〕陰女
 8  正官 丙午 七殺
18  七殺 丁未 偏印
```

〔辛日主流年〕
13 偏印 己丑 偏印
25 比肩 辛丑 偏印

緣薄顯象：身強劫旺、財星虛浮無根，年月見印逢合化劫。

● 辛金生於正官巳月，身無明根，但地支三見偏印；
加上月日巳丑與日主干支三合，官印俱是化劫，
身強以剋洩耗為喜，只能以天干二乙一丁論用。
年干丁火七殺化於坐下丑土，月干乙木坐下官星化劫，
俱是不取，最終只能以時干乙木破印為用。
唯時干乙木坐在地支無根，終是貧夭之局。

- **此造本身根不現、靠印生扶，卻見財星蓋頭；更見年月柱干支三合、官印化劫，難得家蔭。**

- 大運丙午，12歲己丑流年，母死。

〔旁註：大運丙午，運支午火入命欲和巳未成立三會，
　　　　干支三合鬆脫，地支全動而殺旺生梟；
　　　　丙火正官入命合剋日主而攻身〕

〔旁註：流年己丑，歲支丑土入命伏吟年日來沖未土，
　　　　還是殺旺生梟；歲干己土偏印逕犯乙木偏財，
　　　　反遭雙乙圍攻，天干顯象印遭剋而財亦耗損，
　　　　應母亡而親緣有損〕

〔早年喪父命例〕

丙申、戊戌、辛酉、庚寅。……

劫財 庚寅 戊 丙 甲 正 正 正 印 官 財	命主 辛 酉 辛 比 肩	正印 戊戌 丁 辛 戊 七 比 正 殺 肩 印	正官 丙申 天德 月德 戊 壬 庚 正 傷 劫 印 官 財
[胎]	[臨官]	[冠帶]	[帝旺]

緣薄顯象：身強見群劫爭財、年月劫旺。

● 辛金生於正印戌月，坐下酉金祿神，又通根年支申金劫財，年月日申酉戌三會成劫局，時透庚金劫財，身強印旺，應以剋洩耗為喜。

年干正官丙火洩於月干戊土，轉而生身為忌，不能為用；只能勉取時支寅木正財為用，然而寅木亦逢比劫蓋頭與貼

剋，無絲毫作用。命局無用可取，爛命一條。

- **比劫通透為忌，財星逢剋，則六親緣薄、父親早逝，受母親溺愛。**

〔旁註：正官為家世、為家庭，年干主幼少時期。
　　　　年干現正官虛浮，則家世本清高，卻是中衰，又是命主幼時不享正常家庭幸福的顯象。
　　　　年支劫財暗剋財星，命主自幼必須忍受親情傷痛、早離家鄉、獨立自主的現象〕

〔旁註：財星不現年月，地支比劫暗剋財星，早年與父緣薄；月干父宮為正印母親佔住，顯然母代父職。
　　　　月柱正印通透而貼身日主，
　　　　顯然受母親照顧與影響極深。
　　　　身有強根，實不勞印生，
　　　　正印通透貼生為忌，所以是母親溺愛〕

〔早年喪父命例〕

丁巳、辛亥、癸酉、壬戌。……坤造。

〔坤造〕（大運）陰女				
偏財 丁巳	偏印 辛亥	命主 癸酉	劫財 壬戌	5 劫財 壬子 比肩
丙 正財 戊 正官 庚 正印	壬 劫財 甲 傷官	辛 偏印	戊 正官 辛 偏印 丁 偏財	
[胎]	[帝旺]	[病]	[衰]	

〔癸日主流年〕 7 比肩 癸亥 劫財 〔喪父〕

緣薄顯象：身強而劫印通透，年月財星逢沖剋。

● 癸水生於劫財亥月，時透壬水劫財，日坐酉金偏印而透出月干，身強之造，應以剋洩耗為喜。
身強不勞印生，宜取財星破印為用；
唯察年支正財巳火逢亥水貼沖，不宜為用；
時支戌土正官則洩於日支酉金偏印、轉而生身，
也不能取用；最終以年干丁火偏財為用神。

● **年月財星通透，原生家庭本有產業，**

**但逢月沖、並干透財剋印，應是父輩家道中落；
本身亦是早離家鄉而獨立自主。**

〔旁註：月柱父母宮，地支破先祖財業，
　　　　天干則福破耗財；
　　　　月令劫財，即使不明剋財星，亦是暗損財情〕

● 大運壬子，7歲流年癸亥喪父。
〔旁註：大運壬子，運支子水比肩逕剋年支巳火正財，
　　　　運干壬水劫財入命伏吟時干、
　　　　動而合剋年干丁火偏財。
　　　　此運干支財星逢剋，財情破而有失父之現象〕
〔旁註：流年癸亥，歲支亥水入命伏吟月支、
　　　　動沖年支巳火正財，**財星失根**；
　　　　歲干癸水比肩入命伏吟日主、
　　　　動剋年干丁火偏財。
　　　　此年原局財星盡滅，確定喪父〕

筆 記 欄：

〔早年喪母命例〕

辛卯、丙申、甲辰、丁卯。……坤造。

〔大運〕陰女	〔坤造〕					〔甲日主流年〕	
4 傷官 丁酉 正官	正官 辛卯 乙 劫財	食神 丙申 庚 七殺 壬 偏印（合）	命主 甲辰 戊 偏財 乙 劫財 癸 正印	傷官 丁卯 乙 劫財		7 傷官 丁酉 正官	
	[帝旺]	[絕]	[衰]	[帝旺]			

**緣薄顯象：日主根深無印、地支群劫爭財，
月令母宮暗藏財星剋印。**

● 甲木生於七殺申月，通根年時卯木陽刃，身主剛強，
然與剋洩耗相比，仍屬偏弱，宜以比劫印星為喜。
終取時支卯木為用神。

● 綜觀全局，年柱正官本主家世清高，
但坐下卯木陽刃，又是早離家鄉自立之現象；

〔早年喪母命例〕

終是與祖上無緣、另立基業。
日支偏財則心懷博愛情緣，但印不明現，
且暗藏於忌神之內，終是母親無緣無助力的現象。

● 大運丁酉，7歲丁酉流年母死。
〔旁註：歲運併臨，酉金入命沖雙卯木陽刃，
　　　　身根浮動，有**七殺剋身**之義；
　　　　卯木事實上不弱，逢沖則動，
　　　　動而同剋辰土偏財，顯現有六親之痛。
　　　　丁火傷官入命伏吟時干、動洩日主，
　　　　且有剋年干辛金正官之義。**傷官旺動**，
　　　　有家庭破碎之義〕
〔獨白：此命局干透傷官見官，本是自創基業之顯象。
　　　　歲運併臨俱是傷官見官，且原局官星在年，
　　　　必與原生家業無緣、必須另立基業，
　　　　同時只現六親傷痛，並未明確的顯示喪母；
　　　　喪母之確立恐須深究流月流日〕

戊寅、戊午、甲午、丙寅。……從兒格。

	偏財	偏財	命主	食神 月德
	戊	戊	甲	丙
	寅	合午	午	合寅
	戊丙甲	己丁	己丁	戊丙甲
	偏食比	正傷	正傷	偏食比
	財神肩	財官	財官	財神肩
	[臨官]	[死]	[死]	[臨官]

緣薄顯象：身弱無印，年月財旺為忌。
　　　　　母宮傷官生財。

- 甲木生於傷官午月，通根年日祿神雙寅，唯月日雙午合寅，有化傷之勢。
　干透一丙雙戊食神生財，可論從兒格，以食傷為用，財星及比劫俱是為喜。
- 大運庚申，母逝父再娶。

〔旁註：大運庚申，七殺通透入命，違逆用神而破格；
　　　　且申金沖寅祖上宮，主**離鄉**；寅午破合，
　　　　傷官洩重，則**叛逆心重**。庚金七殺直剋日主，
　　　　壓力加身。破格之後身弱而食傷財旺。
　　　　不見印星亦主與母緣薄、與原生家庭緣薄〕

〔早年喪母命例〕

壬戌、戊申、乙丑、壬午。……坤造。

〔坤造〕	正印 壬戌 戊辛丁 正七正 財殺印	正財 戊申 庚壬戊 七正正 殺印財	命主 乙丑 癸辛己 偏七食 印殺神	正印 壬午 丁己 食偏 神財
	〔墓〕	〔胎〕	〔衰〕	〔長生〕

緣薄顯象：身弱無根用印、財星滿佈，更見年月印逢財剋而失。

● 乙木生於正官申月，身主無根，雖年時雙見壬水正印，但月令官印相生，身弱而不能從，終以印比劫為喜，年干壬水正印逢財星截腳及貼剋而財星壞印，只能以時干壬水為用神。

● 綜觀全局，印弱無力，尤其年柱明現正印逢剋，**財星壞印，乃是與母無緣，且幼少失怙的顯像。**

出處註明：〈出生五天即母死〉。

〔旁註：命局年月即已顯示母親早喪，正印幾乎無氣，出生尚未上運，以月柱為大運，且出生必是年柱伏吟，本命壬戌及戊申兩動，戊土動剋壬水而**財星壞印**〕

乙未、己卯、乙亥、戊寅。……坤造。

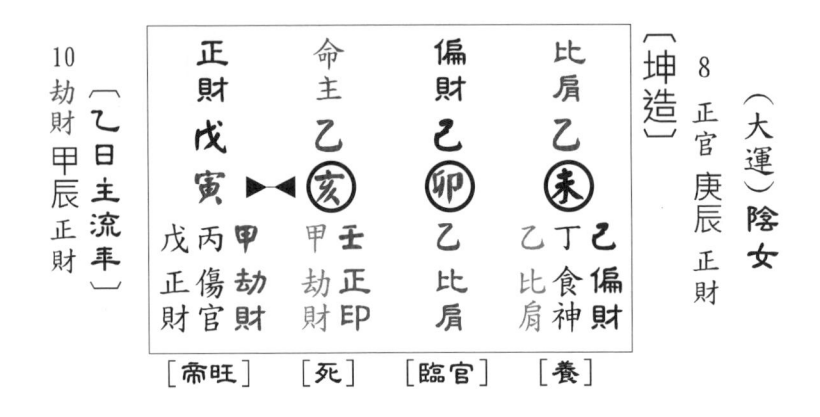

（大運）陰女	〔坤造〕8	比肩 乙未	偏財 乙卯	命主 乙亥	正財 戊寅	〔乙日主流年〕10
正官 庚辰 正財	正官 庚辰 正財	乙 比肩 丁 食神 己 偏財	乙 比肩	壬 正印 甲 劫財	戊 正財 丙 傷官 甲 劫財	劫財 甲辰 正財

〔養〕　〔臨官〕　〔死〕　〔帝旺〕

緣薄顯象：身強劫旺，印星逢合化劫。
　　　　建祿格、年月比肩剋財。

● 乙木生於建祿卯月，年透比肩，通根時支寅木劫財，本已身強，又見年月日亥卯未三合木劫局，更見身強，有成專旺之勢；唯月時財星雙透，不入專旺，只能以普通格局身強論，應以剋洩耗為喜。

年支未土已被合化，不能為用，只能在天干兩財選取。
月干己土偏財坐下截腳，又年干乙木貼剋，不能為用；
時干戊土劫財亦是截腳無力、甚不理想，
斟酌只能勉取時干戊土正財或寅中傷官生財為用。

〔早年喪母命例〕

綜觀全局，用神無力而多剋，乃是勞碌貧夭之命。
- **論六親情緣，建祿格又見年月比肩剋財，必是六親無緣、早離家鄉、自立自強之命。**

〔旁註：地支年月日三合，財星印星俱化於比劫身根，
　　　　即是自為蔭護、自己求財，父母俱是緣薄、
　　　　必須自立自強之顯象〕

- 大運庚辰，甲辰10歲喪母。

〔旁註：庚辰大運，辰土財星入命，寅卯辰三會劫局、
　　　　破壞了命局三合，合會俱是不成，
　　　　地支一片混亂，財破印而比劫剋財。
　　　　天干庚金正官入命合剋日主比肩〕

**〔獨白：地支混亂戰剋，此運家族之內難安。
　　　　財破印而比肩剋財，有失親失蔭之事。
　　　　正官為家庭與責任，天干正官動剋日主比肩，
　　　　命主與其姊妹必須負起家計了〕**

〔旁註：甲辰流年，地支歲運伏吟，再次造成地支之混
　　　　戰，財破印而比劫剋財。
　　　　天干甲木劫財入命逕來合剋月支己土偏財〕

**〔獨白：地支財破印而比肩剋財，有失親失蔭之事。
　　　　歲干直接合剋財星，似乎父親有災；**

然綜觀全局，財星雖是逢剋，但財星通透有氣，
即使己未逢剋，時干正財戊土猶存；
反而全局獨印日支亥水逢運歲一再動剋，
其氣殆盡，所以喪母。
財星之剋，只是六親傷痛之顯象〕

癸未、癸亥、丙子、丙申。……。

	正官	正官	命主	比肩
（大運）陰男	癸未	癸亥	丙子	丙申
3 七殺 壬戌 食神	乙 己 丁 正 傷 劫 印 官 財	甲 壬 偏 七 印 殺	癸 正 官	戊 庚 壬 食 偏 七 神 財 殺
	[衰]	[絕]	[胎]	[病]

緣薄顯象：身弱無印、財星逢合化殺，年月傷官見官。

● 丙火生於七殺亥月，時見比肩，別無生扶，身主極弱；
然因亥中殺印相生，且年支未屬火地、中帶丁火，
難以棄命相從，只能論身弱，以比劫印星為喜。

〔早年喪母命例〕

由於時干比肩虛浮，故取年支未中丁火為用神。

- **印星不顯、初運母宮逢剋，母親容易早逝。**
- 幼年家庭貧困，且母親早逝。

〔旁註：年柱傷官見官，且是忌神，家庭不全。

印星不顯、母宮逢剋，主與母緣薄。

初運壬戌，戌土入命加入剋母宮，

壬水入命逕剋日主比肩，

命主剋洩交集，有難言之痛〕

庚子、丁亥、丙寅、辛卯。……坤造。

〔坤造〕

偏財	劫財	命主	正財
庚	丁	丙	辛
子	亥	寅	卯
癸 正官	壬 七殺 甲 偏印	甲 偏印 丙 比肩 戊 食神	乙 正印
[胎]	[絕]	[長生]	[沐浴]

〔丙日主流年〕
5 偏印 甲辰 食神

緣薄顯象：日主無明根、靠印支撐，卻見印星逢合逢剋，年月更見比劫剋財。

- 丙火生於七殺亥月，月透丁火劫財而無明根，時支再見卯木正印，本嫌身弱，然而亥月殺印相生，又貼洩於坐下長生寅木，身主反強，應以剋洩耗為喜。

  印強宜以財星破印為用，但年干庚金逢丁火貼剋，難以為用，終取時干辛金為用神。

- 用神財星無根虛浮無力，更見年月財星逢剋，必是六親緣薄、自幼多六親傷痛。

  月日印星逢合而滯、時支正印逢蓋頭，俱不能生身，傷痛應是源自母親。

- 5歲流年甲辰喪母。

〔旁註：尚未上運，以月柱為大運，則丁亥伏吟而動，寅亥鬆脫，水生木而**官印相生**；

丁火則動剋庚金財星，六親情傷〕

〔旁註：流年甲辰，辰土食神入命，歲命寅卯辰三會梟旺；甲木偏印入命逕犯庚辛正偏財，反而遭剋〕

〔獨白：天干財剋印，一則是蔭破之象，亦是父親另尋母親的顯象；地支因三會而正印食神俱化為偏印，失去生母及食祿，必須另尋蔭護的顯象〕

【劉貢按】

◎ 年月見丁火劫財剋偏財庚金，然日主比劫無祿刃，剋財乏力，不論剋父，只論有六親干礙。

月令母宮印星暗藏逢合，寅木偏印化生為比肩，應是母緣較父緣更薄，較易失母。

庚戌、庚辰、丙辰、甲午。……坤造。

〔坤造〕	偏財 庚戌 戊辛丁 食正劫神財財 [墓]	偏財 庚辰 戊乙癸 食正正神印官 [冠帶]	命主 丙辰 戊乙癸 食正正神印官 [冠帶]	偏印 甲午 丁己 劫傷財官 [帝旺]

（大運）陽女
11 食神 戊寅 偏印
12〔丙日主流年〕 正財 辛酉 正財

緣薄顯象：身弱獨根印虛浮，年月財強。

● 丙火生於食神辰月，通根時支午火陽刃，時透甲木偏印，身主偏弱，應以比劫印星為喜。

毫無疑問，以時支午火為用神。

- 干透財剋印，財星強而印星虛浮，應是母先父亡之顯象。偏印在時逢偏財之剋，也是父親找繼母或命主另尋蔭護的顯象。
- 大運戊寅，12歲辛酉，母死。

〔旁註：大運戊寅，運支寅木偏印入命，
　　　　運命寅午戌三合劫局，**印星化劫**；
　　　　運干戊土食神入命得強根逕犯時支甲木偏印，
　　　　印弱食強，**印星逢耗**。
　　　　干支俱是失印，是失母之象〕

〔旁註：流年辛酉，歲支酉金入命得雙辰爭合而不合，
　　　　食神生財；歲干辛金正財入命合日主。
　　　　干支財旺力強，**命主依附父親生活**的顯象〕

〔早年喪母命例〕

丁亥、壬寅、戊寅、乙卯。……10歲喪母。

（大運）陰男	正印 丁 天德	偏財 壬	命主 戊	正官 乙	〔戊日主流年〕
8 傷官 辛丑 劫財	亥 壬偏財 甲七殺	寅 甲七殺 丙偏印 戊比肩	寅 甲七殺 丙偏印 戊比肩	卯 乙正官	10 偏印 丙申 食神
	[絕]	[長生]	[長生]	[沐浴]	

緣薄顯象：身弱無根用印、年月財星壞印。

- 戊土生於七殺寅月，身無明根。年柱天地德合而化木。然月日寅木長生，殺印相生，難言無根，身弱之造，以比劫印星為喜。年干丁火正印逢月干壬水偏財之剋，不能為用；終取日支寅中戊土比肩身根為用神。

- **年月見財星壞印，尤其干頭偏財合剋丁火正印，印無根而滅，註定與母緣薄。**

- 大運辛丑，10歲戊申年喪母。

〔旁註：大運辛丑，丑土劫財入命，日主得根本是為喜；

　　　　　然丑土遙犯日時寅卯官殺，反是**官殺攻身**；
　　　　　運干辛金傷官入命而遙剋乙木正官，**傷官見官**〕
〔獨白：**天干傷官見官，多見家庭破碎；事實上，**
　　　　傷官無根反是官殺攻身；身主虛浮而殺攻身，
　　　　若不是疾病，就是有難以承受之痛〕
〔旁註：流年丙申，歲支申金食神入命冲月日雙寅，
　　　　年月寅亥脫合，**財生殺旺**。
　　　　由於年月天地德合，地支鬆脫而動，
　　　　干頭丁壬合亦是鬆脫；
　　　　歲干丙火偏印入命遙剋壬水偏財，**財星壞印**〕
〔獨白：**身弱而地支財生殺旺，家內親緣生變、**
　　　　日主有難以承受之痛；
　　　　天干印星虛浮而逢財星來剋壞，失母之顯象〕

〔早年喪母命例〕

丁未、癸丑、己卯、辛未。……

	偏印	偏財	命主	食神
	丁	癸	己	辛
	未	丑 ◀▶	卯	未
	乙丁己	辛癸己	乙	乙丁己
	七偏比	食偏比	七	七偏比
	殺印肩	神財肩	殺	殺印肩
	[冠帶]	[墓]	[病]	[冠帶]

（大運）陰男
3 正財 壬子 偏財

緣薄顯象：年月相沖、財星壞印、財星截腳。

- 己土生於比肩丑月，年時又見兩支未土比肩，年透丁火偏印，身強之造，應以剋洩耗為喜。終取日支卯木七殺為命局用神。

- 論六親，年月相沖則與祖地無緣，父母宮沖祖上宮，在其父即離開故鄉祖地。尤其年月雙見比肩，必然早年獨立、少小離鄉。年月天干見偏財剋偏印，故早失母蔭；群劫爭財、月干偏財虛浮無力，父親亦是緣薄無助力。

- 其父隨國軍來台，母親確於其幼年時即病逝。

〔旁註：初運壬子，子水偏財入命逢月令子水合剋，祿身剋財則有六親情傷之痛；壬水入命合剋年支丁火印星則失母蔭〕

丙子、壬辰、己未、丁卯。……。

偏印	命主	正財 月德 天德	正印
丁	己	壬	丙
㊋ 合	㊗	㊐ 合	㊙
乙	乙丁己	癸乙戊	癸
七殺	七殺 偏印 比肩	偏財 七殺 劫財	偏財
[病]	[冠帶]	[衰]	[絕]

緣薄顯象：身強剋財、年月財星剋印。

- 己土生於劫財辰月，坐下比肩未土，干透丙丁正偏印，似是身強命造。然年月子辰合而干頭見壬水，辰土化水，身主反弱，應以比劫印星為喜，最終以日支未土身根為用神。
- 生母早喪、幼時後母虐待。

〔旁註：印多為病，干透正偏印，先正印、後偏印，且年月財剋印，即是生母早亡之兆〕

〔獨白：初運癸巳，巳火正印入命，本使年干正印得根，卻犯子水回剋，印星復又失根，即是母危之兆。癸水財星入命，又直剋丙丁火印星，唯丙火在年柱為先，且在限運，生母難存〕

〔早年喪母命例〕

丙申、庚寅、己酉、乙丑。……坤造。

	〔坤造〕（大運）陽女
〔己日主流年〕11 正印 丙午 偏印	七殺 乙丑 辛食神 癸偏財 己比肩 ／ 命主 己酉 辛食神 ／ 傷官 庚寅 月德 戊劫財 丙正印 甲正官 ／ 正印 丙申 戊劫財 壬正財 庚傷官 ／ 3 比肩 己丑 比肩
	〔墓〕〔長生〕〔死〕〔沐浴〕

緣薄顯象：身弱印浮，年月傷官見官、印耗福薄。

- 己土生正官寅月，通根時支丑土比肩，年透丙火正印，別無生扶，身主偏弱，應以比劫印星為喜。
  丑土逢合而洩，本是用之不美，然而年月寅申沖，內藏身印又不能為用，終取時支丑土為用神。
- **年月寅申內藏印劫逢沖而散，身根弱則難任財官，印散則母緣薄。**
- 大運己丑，11歲流年丙午，母死。

〔旁註：大運己丑，運支丑土比肩入命伏吟時支，
　　　　丑酉脫合，酉金動剋寅木，丑土則洩秀生申；
　　　　運干己土比肩伏吟日主動犯七殺，反遭攻身〕
〔旁註：流年丙午，歲支午火偏印入命合寅剋申酉；
　　　　歲干丙火正印入命伏吟年干動剋庚金，
　　　　干支俱因梟印入命而奪食〕
〔獨白：大運己丑比肩通透入命，有日主自立之顯象；
　　　　流年丙午則是印星通透入命而奪食。
　　　　歲運並不直剋印星，
　　　　但寅午之合使印星正官合絆而兩失作用，
　　　　也顯示因母星而獨立自尋食祿、日主自擔重責〕

己丑、辛未、庚子、甲申。……坤造。

```
〔坤造〕
     正印  劫財  命主  偏財
     乙    辛    庚    甲
     丑    未 ◀▶ 子    申      〔庚日主流年〕
                               10 偏印 戊戌 偏印
  癸辛己  己丁乙  癸    戊壬庚
  正劫正  正正正  傷    偏食比
  印財印  印官財  官    印神肩
  〔墓〕  〔冠帶〕 〔死〕 〔臨官〕
```

緣薄顯象：身強印旺、群劫爭財、梟神奪食。

● 庚金生正印未月，通根時支申金祿神、月透辛金劫財；
  年柱又見正印通透，身強之造，應以剋洩耗為喜。
  日主根深，不勞印生，宜取財星破印為用，故以時干甲木
  偏財為用神。

● **群劫爭財、月透劫財，六親緣薄、父星無助；**
  年月梟印成群、暗剋食傷，早年食祿逢奪。
  〔旁註：年月匯聚印星團結為忌，正印亦是偏印，
         反是早年他處尋蔭的現象〕

● 10歲流年戊戌,母死。

〔旁註:尚未上運,以月柱為大運,則辛未動,未動沖丑、俱來合剋日支子水傷官,**梟神奪食**；

辛金動剋時干甲木財星,**群劫爭財**,六親傷痛〕

〔旁註:流年戊戌,戊土入命丑戌未三刑齊全、動剋子水傷官,**梟神奪食**；

戊土偏印入命逕犯甲木而遭剋,但甲木偏財無氣而耗滅〕

〔獨白:印星通透入命而奪食滅財,不應父死,反論因梟奪食、因印滅財,母親死亡,順便帶走命主食祿與財情〕

〔早年喪母命例〕

甲申、乙亥、庚寅、癸未。……坤造。

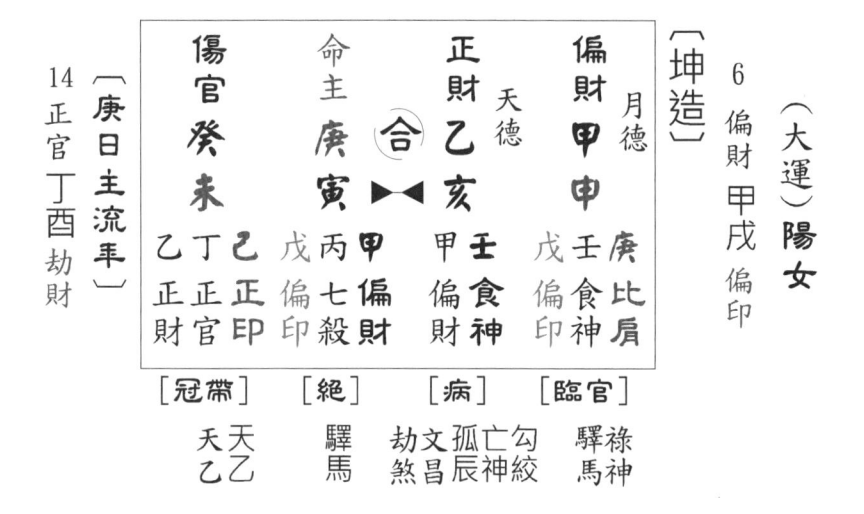

〔坤造〕（大運）陽女

6 偏財 甲戌 偏印

14 正官 丁酉 劫財

〔庚日主流年〕

	傷官 癸未	命主 庚寅	正財 乙亥	偏財 甲申
	乙 正財 丁 正官 己 正印	戊 偏印 丙 七殺 甲 偏財	甲 偏財 壬 食神	戊 偏印 壬 食神 庚 比肩
	〔冠帶〕	〔絕〕	〔病〕	〔臨官〕
	天乙 天乙	驛馬	劫煞 文昌 孤辰 亡神 勾絞	驛馬 祿神

天德、月德、合

緣薄顯象：身弱獨根印無力、母宮逢合，
　　　　　年月財強則暗剋印星。

● 庚金生於食神亥月，通根年支祿神申金，
　時支又見未土偏印，然身主仍是偏弱，
　應以比劫印星為喜，終取年支申金身根為用神。

● 月日天地德合，食神生財則依父尋食；
　月支事實上財星坐宮、母星受制；

**全局財星通透、年月雙透財星則暗剋印星，
年柱財星截腳僅作情緣薄斷。**

● 大運甲戌，14歲流年丁酉，母死。
〔旁註：大運甲戌，戌土偏印入命，刑未而生申金；
　　　　甲木偏財入命伏吟年干而洩癸水傷官〕
〔旁註：流年丁酉，酉金入命則歲命運申酉戌三會劫旺，
　　　　戌土偏印化劫；
　　　　丁火正官入命、得甲木偏財相生而犯癸水傷官〕
〔獨白：地支偏印化劫，失母而獨立之顯現；
　　　　天干傷官見官，家庭組織破壞。
　　　　財星旺，故而父存〕

〔早年喪母命例〕 213

甲辰、庚午、辛亥、戊戌。……坤造。

〔坤造〕	正財 甲辰 癸乙戊 食偏正 神財印	劫財 庚午 己丁 偏七 印殺	命主 辛亥 天德 甲壬 正傷 財官	正印 戊戌 丁辛戊 七比正 殺肩印
	〔墓〕	〔病〕	〔沐浴〕	〔冠帶〕

（大運）陽女
7 偏印 己巳 正官
〔辛日主流年〕
7 劫財 庚戌 正印
〔喪母〕

緣薄顯象：梟神奪食、年月財印兩傷。

- 辛金生於七殺午月，月干見庚金劫財，然身無明根，但見月時辰戌正印、時干戊土正印，反見身強，應以剋洩耗為喜。日支亥水有戌土正印貼剋，不能為用；月支午火七殺，有化印生身之慮，亦是不宜；印星為忌，本宜取財星破印為用，然年干甲木正財又被月干庚金劫財貼剋而無力。既難以取用，則其命濁而多艱。

- 年月天干見劫財剋正財，青少年時期應有六親情傷。
  年柱見正印財星蓋頭，且辰中見財星剋印，幼運與母緣薄。月干比劫貼身，有兄弟姊妹情深之義。

- 大運己巳，7歲流年庚戌，喪母，由大姊撫養長大。

〔旁註：大運己巳，巳火正官入命沖日支亥水傷官，

正官逢傷，家庭有變故。

亥動則剋午火，傷官合剋七殺，**剋洩交集**。

天干己土偏印入命逢年干甲土正財剋合，

印星逢剋，母親有危難了〕

〔旁註：流年庚戌，戌土入命伏吟時支、動沖年支辰土，

印星沖印星，有更換家庭蔭護之顯象。

辰動則剋日支亥水，**有奪食之義，失其食祿**了。

天干庚金劫財入命伏吟月干、

動剋年干甲木正財，**財星逢奪則六親情緣有損**〕

【劉貴按】

◎ 本造身無明根，卻因多見正印而身強；身強印星為忌，正印亦成偏印；更見主象梟神奪食，正母不能供食，照顧命主的另有其人。

◎ 月干庚金劫財有午火七殺截腳，庚金劫財雖貼剋年干甲木正財，卻是無力，不論剋父，僅論與父緣薄，又是早年六親情緣有憾的顯象。年支正印辰土正印雖有甲木蓋頭，但甲木無力，且有午火七殺相貼，仍是梟旺之義；年月綜見梟旺則暗自奪食，與母緣薄之義甚明。

◎ 整體而言，財星虛浮難敵梟印之耗；正印轉梟而正母不存。

〔早年喪母命例〕

甲午、丙寅、壬子、丙午。……7歲喪母。

（大運）陽男	食神 甲午 丁己 正財 正官	偏財 丙寅 甲丙戊 食偏七 神財殺	命主 壬子 癸劫 財	偏財 丙午 丁己 正財 正官	〔壬日主流年〕
2 正財 丁卯 傷官	月德	月德		月德	7 偏印 庚子 劫財
	〔胎〕	〔病〕	〔帝旺〕	〔胎〕	

緣薄顯象：身弱獨根無印，年月財旺為忌。
　　　　　母宮逢合化財。

● 壬水生於食神寅月，通根坐下陽刃子水，別無生扶，身弱之造，應以比劫印星為喜；毫無疑義，以日支子水劫財為用神。

● **全局食傷生財旺，不見印星，**
　父健而母不顯，與母無緣之顯象。

● 大運丁卯，7歲流年庚子，喪母。
〔旁註：大運丁卯，運支卯木傷官入命洩秀生財，

運干丁火正財入命逢日主剋合〕

〔旁註：流年庚子，與年柱天剋地沖，**家運幼運顛沛**。

歲支子水入命伏吟日支而沖年時兩午火財星，
年月寅午脫合，身根飄搖而財重，

有情傷之顯象；

歲干庚金偏印入命剋年干甲木、
且犯丙火財星、反遭回剋。

**偏印剋食神，有梟神奪食之義，
但食強印浮，反是福薄蔭破；
尚且偏印逢偏財反剋耗弱，
反是印失母亡的顯象**〕

庚子、丁亥、壬子、丁未。……坤造。

〔坤造〕

（大運）陽女

6 偏財 丙戌 七殺

偏印	正財	命主	正財
庚子	丁亥	壬子	丁未
癸劫財	甲食神 壬比肩	癸劫財	乙傷官 丁正財 己正官
〔帝旺〕	〔臨官〕	〔帝旺〕	〔養〕

合（丁壬） 合（子未）

〔壬日主流年〕
比肩 壬子 劫財

〔早年喪母命例〕

緣薄顯象：建祿格、身強剋財、年月財星剋印。

- 壬水生於建祿亥月，年日又坐陽刃子水、年透庚金偏印，身強之造，應以剋洩耗為喜。本來祿刃旺應以洩秀為用，但本造不見食傷，只能以財生官為用，終以時支未土正官為用神。

- **建祿為格則與祖無緣，財星剋印則母緣薄，
  財星逢比劫剋則六親緣薄無助、自立自強。**

- 大運丙戌，13歲流年壬子，母親落水而亡。
〔旁註：大運丙戌，運支戌土七殺入命刑未，兩土俱來動
　　　　剋亥子身根；**地支官殺剋祿刃，家中有痛。**
　　　　運干丙火偏財入命逕剋年干庚金印星。
　　　　印星虛浮逢剋即有喪母之徵〕
〔旁註：流年壬子，歲支子水入命伏吟子水羊刃，
　　　　水旺動而未土官星受到反剋潰堤，**家庭破碎**了；
　　　　運干壬水伏吟命主來合雙丁火而合不住，
　　　　丁火逢觸動則爭剋庚金印星。
　　　　**流年羊刃觸動、歲運俱見印星逢剋，所以喪母；
　　　　流年旺水入命觸動，故而和水有關、因水而起**〕

乙卯、甲申、壬辰、辛丑。……坤造。

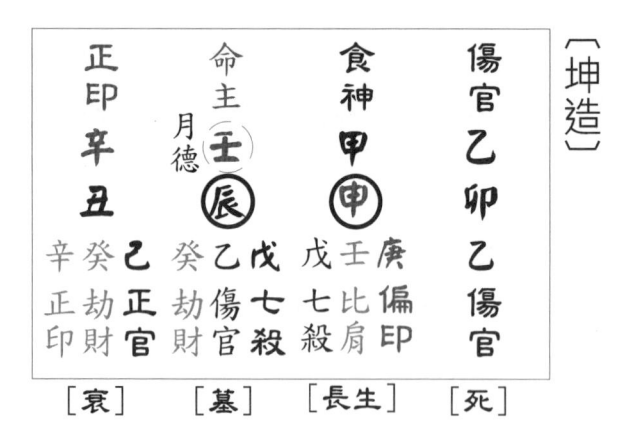

〔坤造〕

正印 辛丑	命主 月德 壬辰	食神 甲申	傷官 乙卯
辛 癸 己 正 劫 正 印 財 官	癸 乙 戊 劫 傷 七 財 官 殺	戊 壬 庚 七 比 偏 殺 肩 印	乙 傷 官
[衰]	[墓]	[長生]	[死]

**緣薄顯象：身弱無根用印，財星不現，
　　　　　更見年月印星逢合化劫。**

● 壬水生於偏印申月，只在時干見正印而別無生扶，身主嫌稍弱；唯月日申辰拱水干頭正是日主壬水，申子【壬】辰三合水局，申辰俱是化劫，身主反強，應以剋洩耗為喜。時支丑土洩於辛金正印，不能為用，年月食傷因干支見印，有逢剋之憂；但別無選擇，勉取年支卯木傷官為用神。

● 財星不現，六親緣薄；印星化劫，失母而必須自主。

〔早年喪母命例〕

本造本是身弱，卻見日主干支三合、殺印化劫，
身主反強、以食傷為用；
合局易破，一破即是傷官見官、年月印逢食傷耗弱，
終是家庭破碎、母星難存。

● 尚未上運，出生7時辰，母即死。
〔旁註：未上運則以月柱為大運，出生之時必是年月柱逢
　　　　伏吟而俱動，月日三合實際上不合反動；
　　　　申金動則剋卯木，有**梟神奪食**之義；
　　　　卯動則剋辰丑，**傷官見官**之義；
　　　　天干甲乙木動則洩身，並犯辛金而**梟神奪食**。
　　　　地支全動，顯象家庭解體；
　　　　干支則同現食祿無著〕
〔獨白：全局不見財星破印，只見梟神奪食；
　　　　之所以奪食，全因月柱印星之動，
　　　　顯現母親之不稱職，所以失母〕

〔父母雙亡命例〕

丙戌、甲午、甲寅、壬申。……坤造。

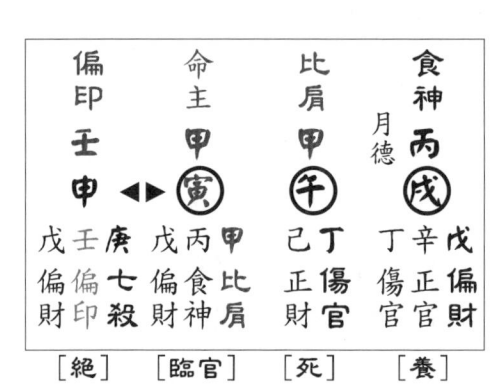

〔坤造〕	食神 丙戌 月德	比肩 甲午	命主 甲寅	偏印 壬申
	戊 丁 辛 偏 傷 正 財 官 官	丁 己 傷 正 官 財	甲 丙 戊 比 食 偏 肩 神 財	戊 壬 庚 偏 偏 七 財 印 殺
	〔養〕	〔死〕	〔臨官〕	〔絕〕

（大運）陽女
7 正印 癸巳 食神
11 食神 丙申 七殺
〔甲日主流年〕
〔父母雙亡〕

緣薄顯象：身弱印浮、難任財官，
　　　　　財星化傷官洩重。

● 甲木生於傷官午月，自坐祿神寅木，干透比印，身主本不弱，然而寅午戌三合火傷官局，日主失根，有論從之機；卻因時干壬水偏印自坐長生，不能論從；終論普通格局，身弱以比印為喜。

局現**食傷洩重**，宜取時干壬水偏印生身制傷為用神；唯時支申金七殺逢傷官局之剋，壬水亦是根弱無力。

〔父母雙亡命例〕 221

● 日支寅木本是幫身祿根，卻化為傷官洩重，
　既難任財官，則不享家庭福蔭，且多勞累；
　印星耗弱無根，失母蔭而福薄；
　年月財星化傷，六親緣薄，父星難存。
　先天難得父母照應之象。

● 大運癸巳，11歲流年丙申，父母雙亡。
〔旁註：大運癸巳，巳火食神入命合時支申金七殺，
　　　　偏印壬水失根、剋洩交集；
　　　　癸水正印入命無根，逕剋年干丙火食神，
　　　　正印反遭耗滅，失母之兆〕
〔旁註：流年申金伏吟而沖動三合，
　　　　寅木脫出發動則直剋年支戌土偏財父星，
　　　　剋父之兆；丙火入命伏吟洩身，
　　　　並犯已遭耗弱之壬水偏印母星，
　　　　剋母失蔭成事實了〕

乙巳、壬午、乙未、癸未。……坤造。

〔坤造〕	比肩 乙 巳	正印 壬 午	命主 乙 未	偏印 癸 未
	丙 傷官 戊 正財 庚 正官	丁 食神 己 偏財	乙 比肩 丁 食神 己 偏財	乙 比肩 丁 食神 己 偏財
	[沐浴]	[長生]	[養]	[養]

〔乙日主流年〕
3 食神 丁未 偏財
8 正印 壬子 偏印

緣薄顯象：年月財星暗藏而逢合化，正印虛浮而剋耗。

● 乙木生食神午月，巳午未三會火傷局，時支未土偏財，天干卻全是比印；身弱應以比劫印星為喜，終以時支未中藏干乙木比肩為用神。

● **身弱無根、比印虛浮，難任財官。**
年月財星暗藏、年透比肩，父星無助、命主早年獨立。
月干父宮見正印虛浮，母代父職，然亦是虛浮無助。

● 3歲丁未流年,父死於車禍。
〔旁註:10歲方才上運,故權以月柱壬午為大運。
　　　　壬午伏吟而動則地之巳午未鬆脫,
　　　　又迅及恢復三會而**食傷生財**;
　　　　天干壬水正印動而相生日主比肩〕
〔旁註:流年丁未,地支還是三會鬆脫又合,
　　　　但天干丁火入命而逢壬水合剋,
　　　　事實上壬水無根而遭烘乾,
　　　　反是印破福失的顯象〕
〔**獨白:歲運只要一動,就是巳火驛馬之動,顯象車禍。
　　　　干支顯象由於財星一動立即逢合會而再失,
　　　　暗示父亡而失怙**〕

● 仍未上運,8歲流年壬子母死。
〔旁註:子水偏印入命沖午,巳午未三會鬆脫,
　　　　火生土旺而剋子水印星;
　　　　天干壬水印星入命伏吟月干、動生日主比肩〕。
〔**獨白:地支印星犯旺遭滅,即有失母顯象;
　　　　天干印星化比,是因母而必須自立的顯象**〕

辛亥、壬辰、庚寅、甲申。……

劫財 辛亥	食神 壬辰（月德 天德）	命主 庚寅	偏財 甲申
甲 偏財 / 壬 食神	癸 傷官 / 乙 正財 / 戊 偏印	戊 偏印 / 丙 七殺 / 甲 偏財	戊 偏印 / 壬 食神 / 庚 比肩
[病]	[養]	[絕]	[臨官]

〔庚日主流年〕
4 偏財甲寅偏財

緣薄顯象：身強用財而財星逢沖剋，
　　　　年月見劫無財且梟神奪食。

● 庚金生於偏印辰月，通根時支申金祿神、干透辛金劫財，身強之造，應以剋洩耗為喜。

身主根深，不勞印生，應取財星破印為用，照理寅木貼剋辰土偏印，是最佳用神，然又逢時支申金相沖，又不宜取用；時干甲木又是比肩截腳，不宜為用。

欲以月干或年支亥水洩秀為用，卻又因月支辰土截腳或貼

剋而不宜。

最終倒回來，還是取日支寅木為用神。

- 年月乍看食神通透，然梟印佔月令居旺，
  亥壬分居年支月干、一逢貼剋一逢截腳，
  實是相互不通氣，還是梟神奪食之義。
  全局用神財星逢冲剋、年月梟神奪食，
  前運財印兩失，註定六親情薄、父母有災。
  4歲流年甲寅，父母雙亡。

〔旁註：未上運，以月柱為大運。

　　　　月支辰土動剋亥水，**梟神奪食**之義；

　　　　壬水動而洩秀生財，有**另尋食祿財情**之義〕

〔旁註：流年甲寅，寅木入命伏吟日支冲犯時支申金，財
　　　　星逢剋而飄搖，命主有親情傷痛；
　　　　歲君甲木入命伏吟動犯日主比肩，
　　　　確定日主此年有六親傷痛；
　　　　日主比肩動生壬水食傷，有自尋食祿之義〕

〔獨白：流年甲寅，與日柱天剋地冲，財星全失。
　　　　寅申冲，祿神驛馬逢冲，身動飄搖尋食之現象〕

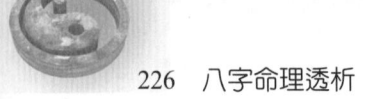

辛卯、辛卯、辛卯、辛卯。……

	比肩 辛卯乙 偏財	命主 辛卯乙 偏財	比肩 辛卯乙 偏財	比肩 辛卯乙 偏財
（大運）陰男 劫財 庚寅 正財	[絕]	[絕]	[絕]	[絕]

緣薄顯象：天道不覆、地道不載。日主無印無根、難任財官，地支財旺而逢蓋頭。

- 辛金生於偏財卯月，四柱相同，俱是辛卯。
  整個結構只有兩種金木五行，金剋木，為金木相成格，應取金木通關之水為用神。
  地支四卯，俱旺於月令；
  天干四辛俱是無根，陰干從勢無情意，應可從財，故以水木為喜用，然行運宜水木透干方妥。

〔父母雙亡命例〕

- 命局不現印星,與母無緣;見財星而俱逢比劫蓋頭,六親刑剋而緣薄,尤其與父無緣。年月俱是比肩剋財,必主幼失雙親而孤。

〔旁註:年月乃論前運祖上父母,論星辰則財星逢剋,六親緣薄,尤其是父親;

論宮位,月支母宮見財,星剋宮,母亦無聲〕

- 《闡微》原註:〈數年間父母皆亡,與道士為徒〉

前運庚寅,劫財天干、地支財星,各自為政,仍是天道不覆、地道不載。

〔旁註:大運庚寅,寅木財星,加重財星,

不透則不能為用,徒自內心熱切而已;

庚金入命幫身,仍是無根,徒旺而無可用之物〕

壬子、丙午、壬子、丙午。……

```
（大運）陽男  正財 丁未 正官

            比肩    偏財    命主    偏財
            壬  ◄── 丙  ◄── 壬  ◄── 丙
            子       午      子       午
            癸       丁己     癸      丁己
            劫       正正     劫      正正
            財       財官     財      財官
          [帝旺]    [胎]    [帝旺]   [胎]

〔壬日主流年〕
7 七殺 戊午 正財
〔父母雙亡〕
```

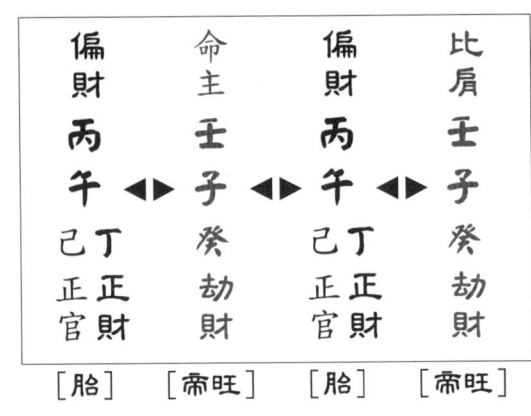

緣薄顯象：無印月坐財星，月柱逢年日兩柱天剋地沖。

- 壬水生於正財午月，年月與日時雙雙天剋地沖，火旺水衰，宜行金水幫扶之運。論用以地支為重，終取日支子水劫財為用神；唯用神逢財星之沖，終是六親緣薄。

- 無印且月支母宮財星佔位，確定與母緣薄；
  年月見干支比劫剋財星，財星通透本不論父喪，
  然日柱又來天剋地沖，確定財星難存而喪父。

◎《闡微》原註：
〈初交丁未，年逢戊午……父母雙亡〉

〔旁註：丁未大運，未土正官入命合午，爭合不合，
反觸動午火動沖子水，丁火入命又遇壬水爭合。
**此運干支現火旺而身主耗弱，命主難任財情之
重**〕

〔旁註：7 歲戊午流年，午火入命伏吟月時雙午、並雙沖
子水，戊土則更直剋壬水，身弱更難任財，**總言
歲運，終是身主飄搖而難以承受六親之傷痛**〕

癸未、癸亥、壬子、戊申。……

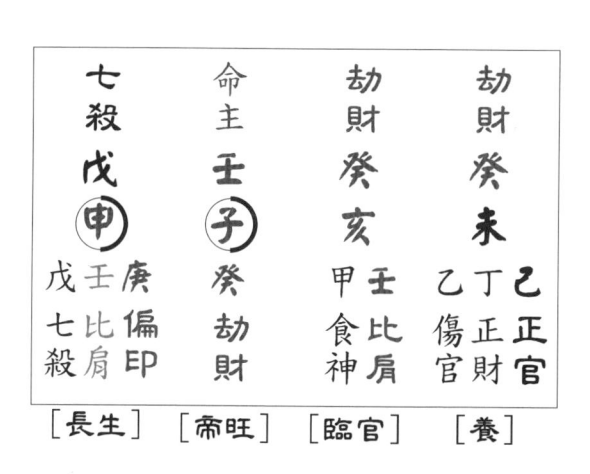

比肩 王戌 七殺	（大運）陰男	七殺 戊申 戊七殺 壬比肩 庚偏印	命主 壬子 癸劫財	劫財 癸亥 甲食神 壬比肩	劫財 癸未 乙傷官 丁正財 己正官
		［長生］	［帝旺］	［臨官］	［養］

緣薄顯象：建祿為格而身強，印化劫而財星不現。

- 壬水生於建祿亥月，自坐陽刃子水，且日時申子合、金水相生，年月又雙透癸水；綜觀全局，水性奔騰，難以遏制；局中見戊未官殺通透，不能從旺；
欲取土行官殺為用，戊未分處兩頭，俱是無力，即使行官殺運，亦恐犯旺；身旺宜洩，然食傷不明現，尋找不到可用之物，真是爛命一條。
- 身旺無財官虛，六親緣薄，社會上屬低下階層。
建祿為格，已屬**與祖緣薄**；年月透劫財，財星難存；
唯財星不明現，不直論剋財而父喪，只斷**背祖離鄉**及**與父無緣**。
- **無印即無母蔭；見印化劫，仍是無印而自立自強之顯象。**
◎ 《闡微》原註：
〈……初運壬戌，支逢土旺，父母皆亡……〉
〔旁註：初運壬戌，戌土七殺入命逕剋亥水，
又刑未土，未土亦來動剋亥水；
壬水伏吟日主動犯戊土七殺。
干支終是身旺官弱，**官星即是家庭，
官星犯旺耗弱而滅，家庭破滅；
天干比劫旺動，必暗剋財星，
必有六親傷痛，尤其父親難以存活**〕

〔父母雙亡命例〕

壬子、辛亥、癸卯、庚申。……坤造。

〔坤造〕

劫財	偏印	命主	正印
壬子	辛亥	癸卯	庚申
癸比肩	甲傷官 壬劫財	乙食神	戊正官 壬劫財 庚正印
[臨官]	[帝旺]	[長生]	[死]

〔癸日主流年〕
2 比肩 癸丑 七殺

緣薄顯象：專旺潤下為格，身印兩強則暗剋財官。
〔比劫特旺且印星多見，財星不現〕

- 癸水生於帝旺亥月，年見子水祿神、透出年干劫財；
  再見時支申金正印、月時正偏印雙透，身主極旺，
  僅在日支卯木見食神，應取**潤下格**，
  以水為用神，金印為喜，又以食傷洩秀為美。
- 專旺格必暗剋財星；有印見食，破格則易見梟神奪食。
- 2歲流年癸丑，父母車禍均亡。

〔旁註：尚未上運，以月柱辛亥為大運。
　　　　辛金動生日主，亥水動則卯亥脫合，
　　　　身根旺動，卯木動犯申金，反遭奪食〕

〔旁註：流年癸丑，歲支丑土七殺入命則專旺格破，
　　　　且歲命亥子丑三會劫旺，反成身強為忌；
　　　　卯木脫出而動犯申金，**梟神奪食**了。
　　　　歲干癸水伏吟日主，更見身強而忌神旺動〕
〔獨白：專旺格破造成梟神奪食，而且身旺為忌，
　　　　必暗剋財星，有六親傷痛〕

戊戌、戊午、癸亥、戊午。……坤造。

〔坤造〕

	正官 戊戌	正官 戊午	命主 癸亥 天德	正官 戊午
	丁 辛 戊 偏財 偏印 正官	己 丁 七殺 偏財	壬 甲 劫財 傷官	己 丁 七殺 偏財
	[衰]	[絕]	[帝旺]	[絕]

（大運）陽女

4 偏財丁巳 正財

緣薄顯象：身弱無印而局全財星黨殺。

● 癸水生偏財午月，通根坐下亥水帝旺；全局財旺生官，

〔父母雙亡命例〕

官多為煞、七殺攻身；本應以印星化殺生身為用，
然印星不現，只能酌取坐下亥水幫身為用。

- **喜用只在日柱，年月忌神團聚，前運顛沛。**
  論出身前運，明察年月兩柱；無印則與母緣薄，
  更見母宮偏財，則星剋宮，確定母星難存。
  〔旁註：印為陰、為母星，命局無印，已然無陰；
  　　　月柱母宮是正印正位，偏財生殺而化〕

- **日坐劫財帝旺、貼剋午火偏財，與父緣薄、剋父之義；**
  全局財旺生官，官多為煞，財星黨殺、七殺攻身。
  必因父親之事而痛徹心扉。
  〔旁註：財星主父，偏財合官殺而黨，父星反來戕害〕

- **出處註明：〈初運丁巳，父母雙亡，淪落為娼〉。**
  〔旁註：大運丁巳，天沖地沖日柱，身根浮動無依，
  　　　難任財官，確定有情緣與家庭之傷痛。
  　　　財為六親情緣、為父星，官為家庭〕

〔父母離異命例〕

戊寅、辛酉、甲子、庚午。……

	偏財 戊寅 天德	正官 辛酉	命主 甲子 ◀▶ 月德	七殺 庚午
	戊 丙 甲 偏 食 比 財 神 肩	辛 正 官	癸 正 印	己 丁 正 傷 財 官
	[臨官]	[胎]	[沐浴]	[死]

〔甲日主流年〕
2 正財 己卯 劫財

緣薄顯象：年月忌神匯聚、年柱見比肩截腳財星。

● 甲木生於正官酉月，自坐子水正印，通根年支寅木祿神；別無生扶，身弱應以比印為喜，年支寅木有正官貼剋，日支子水雖是逢沖，但有酉金貼生，故取坐下子水正印為用神。

● 戊土財星在年逢截腳，主與祖無緣；年支寅木祿神，早歲獨立；尤其年帶驛馬，必是早年漂泊。年月干透財生官、官星通透為忌，反是殺旺攻身，暗指由父親引動之家庭傷痛。

〔父母離異命例〕

- 2歲己卯年，父桃花，母親訴請離婚。
〔旁註：未上運，以月柱為大運，酉動而剋年支寅木比肩、辛動則剋日主〕
〔獨白：日主身弱而官殺攻身，正官主家庭，命主有因家庭事故的苦痛上身〕
〔旁註：流年己卯，卯木入命沖月支酉金正官，酉動而剋年支寅木比肩。天干己土財星入命合日主甲木〕
〔獨白：流年己卯，卯木是年支桃花，財星坐桃花，是父親帶桃花顯象。桃花卯木入命沖月支酉金正官；月支主門戶，逢沖則門戶鬆動；正官為家庭，逢沖則家庭破裂。己土財星入命而遭日主合剋，命主有剋父之義〕
〔獨白：流年日主合剋財星，可能先從父而後來從母〕
- 此命造由外祖母帶大，深得外祖母疼愛，而且得到母親照顧，母親與外祖母感情亦是深厚。
〔獨白：正官論外祖母，正印為母親，俱是貼近日主，所以親近。月柱正官通透，外祖母在月柱佔據父母宮位，月干正官貼生日主，說明此命造由外祖母帶大。坐下子水正印為喜神，故得母親照顧；月支正官生日支正印，母親亦得外祖母之照應〕

戊申、癸亥、甲辰、戊辰。……坤造。

〔坤造〕

偏財	命主 月德	正印	偏財
戊	甲	癸	戊
辰	辰	亥	申
癸乙戊	癸乙戊	甲壬	戊壬庚
正劫偏	正劫偏	比偏	偏偏七
印財財	印財財	肩印	財印殺
〔衰〕	〔衰〕	〔長生〕	〔絕〕

緣薄顯象：年月見財星合剋印星。

- 甲木生於長生偏印亥月，月透癸水正印，雖日時辰土可論水庫，且年支申金七殺化於月令，但月干癸水逢年干戊土之剋合，且時干又見戊土偏財，辰土實是財星，到底身弱，應以比劫印星為喜。最終以月令亥水長生為用神。

- 財為忌神，年月見**財星壞印**，父親敗壞祖業而不守。
  干透印星而見二財，且財星通透，母有二夫之象。
  且月支亥水印星逢日支財星所剋，命主與母緣薄。

〔獨白：命主父母離婚而母親再嫁。
年月正印逢合而壞，亦主與母緣薄〕

甲寅、庚午、丙戌、戊戌。……坤造。

〔坤造〕

食神 戊戌	命主 月德 丙戌	偏財 庚午	偏印 甲寅
丁 辛 戊 劫 正 食 財 財 神	丁 辛 戊 劫 正 食 財 財 神	己 丁 傷 劫 官 財	戊 丙 甲 食 比 偏 神 肩 印
[墓]	[墓]	[帝旺]	[長生]

緣薄顯象：年月財星剋印、財星逢陽刃截腳。

- 丙火生於陽刃午月，年柱見甲寅印星通透，身強之造；再見地支寅午戌三合火劫局，更是身強而剋洩耗為喜。日支戌土已經化劫，不能為用；月干庚金偏財雖能破印，但坐下劫局截腳，也不是理想用神，終取時柱戊戌食神洩秀為用神。

- 父母離婚、與母同住。

〔旁註：年月庚金剋甲木印星，父母必難融洽。月干偏財無力，逢坐下劫局之剋，有剋父之義，與父緣薄；年月日三合化劫，印星化劫，命主與母親緣厚不分，所以離父從母。〕

丙戌、乙未、丙午、丁酉。……。

	比肩	正印	命主	劫財
	丙	乙	丙	丁
	戌	未 ▶◀	午	酉
	戊辛丁 食正劫 神財財	乙丁己 正劫傷 印財官	丁己 劫傷 財官	辛 正 財
	[墓]	[衰]	[帝旺]	[死]

〔丙日主流年〕
5 偏財 庚寅 偏印
6 正財 辛卯 正印

緣薄顯象：年月見比肩傷官、正印虛浮。

● 丙火生於傷官未月，年干見丙火比肩、時干透丁火劫財，日主比劫俱通根坐下陽刃午火，月透乙木正印，身主偏強，應以剋洩耗為喜。

時支酉金正財逢丁火劫財蓋頭，且有日支午火劫財相貼，不能為用；月令未土與日支相合，但逢乙木正印蓋頭，終取年支戌土食神為用神。

● 傷官為格，多破祖離鄉；
年透丙火比肩則早年獨立、缺乏照應；
年月不現財星，且印星虛浮無氣，
父母無緣、六親緣薄的顯象。

〔父母離異命例〕 239

● 命主幼時父母離婚，父親再婚，並添一弟。
然而命主一直與後母及異母弟弟不合，
父親和後母及弟弟搬出去，命主由祖母隔代教養。

〔旁註：5歲流年庚寅，歲支寅木偏印入命，
歲命寅午戌三合劫財局；
歲干庚金偏財入命合剋月干乙木正印。
天干財星破印、正印喪失，
即是家庭破碎、親母離家之顯象；
地支偏印化劫，乃是後母纏身的現象〕

〔旁註：6歲流年辛卯，歲支卯木正印遙沖時支酉金正財，正印逢剋；歲干辛金正財入命逢雙丙爭合而不合，辛金動剋乙木正印，但辛金正財亦逢日主比肩雙丙之剋。

干支俱見印星無力而遭財星之剋，印為照護為母親，印失則母離；干頭財星逢剋，命主有六親刑剋之痛〕

〔獨白：父母離婚及後母入門，當在命主5或6歲之際〕

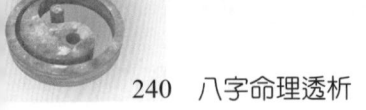

丁丑、甲辰、丙戌、癸巳。……

正官	命主	偏印	劫財
癸巳	丙戌 ◄►	甲辰	丁丑
庚戊丙 偏食比 財神肩	丁辛戊 劫正食 財財神	癸乙戊 正正食 官印神	辛癸己 正正傷 財官官
〔臨官〕	〔墓〕	〔冠帶〕	〔養〕

緣薄顯象：年月透劫財與偏印、年見傷官。

● 丙火生於食神辰月，年透丁火劫財，俱來通根時支巳火祿神；雖月透甲木偏印，然與剋洩耗相較，身弱以比劫印星為喜；終取時支巳火祿神為命局用神。

● 論六親情緣，年月不見財星，
偏印甲木佔父宮而貼身，母代父職之現象；
年透劫財而坐傷官，亦是剋父而背祖獨立之現象。
〔獨白：單親而依母〕

壬午、庚戌、戊寅、辛酉。……坤造。

傷官	命主	食神	偏財
辛酉	戊寅	庚戌	壬午
辛 傷官	戊比肩 丙偏印 甲七殺	丁正印 辛傷官 戊比肩	己劫財 丁正印
〔死〕	〔長生〕	〔墓〕	〔帝旺〕

緣薄顯象：月令比肩、年見正印化梟。

- 戊土生於比肩戌月，年支午火正印陽刃，更見年月日寅午戌三合梟局，身強以剋洩耗為喜。

  原局梟旺，本宜財星破印為用，然年干壬水孤懸無力，不能為喜為用，終取時支酉金傷官為命局用神。

- 年柱之財虛浮無根而逢日主之剋，即是剋父緣薄之象。地支梟神奪食乃食祿逢奪，七殺攻身則遭外來戕害，原生家庭鬆解顯象。年支正印逢合化為梟局，比肩與正印俱化為偏印，顯示命主身不由己，本當從母，卻由旁蔭親人照顧；又顯示母親從照顧主力轉成側力之顯象。

● 論出身，與父祖無緣，隨母親另尋蔭護。事實：
  1～2歲時父母離異，後來母親再婚、外婆帶大。
〔旁註：尚未上運，初生當年太歲壬午伏吟年柱，
　　　　地支寅午戌三合不住而旺動，寅木動剋戌土，
　　　　七殺剋身，外來戕害上身；
　　　　午火正印動剋時支酉金傷官，有梟神奪食之義。
　　　　天干壬水偏財動犯日主戊土，卻遭反剋〕

〔獨白：月令比肩，先天六親緣薄；比肩為我執與意志，
　　　　然逢三合而化梟，反不能堅持自我、心多倚賴，
　　　　遇事俱依附外婆為斷〕

庚申、乙酉、辛丑、戊子。……坤造。

正印	命主	偏財	劫財	〔坤造〕
戊	辛	乙	庚 月德	
子	丑	酉	申	
癸 食神	辛比肩 癸食神 己偏印	辛 比肩	戊正印 壬傷官 庚劫財	
〔長生〕	〔養〕	〔臨官〕	〔帝旺〕	

緣薄顯象：建祿為格、年月群劫爭財。

- 辛金生於建祿酉月，年柱庚申劫財通透，已見身強；
更見日坐丑土偏印、時透戊土正印；身強之造，應以剋洩耗為喜。時支子水食神逢梟印貼剋蓋頭，不能為用；
月透乙木偏財逢年干庚金合剋，又不能為用；
再察申丑中所藏之食傷，俱見印梟貼剋；
全局竟然毫無所用，難取用神；勉取時支子水為用神。

- 建祿為格，必然破祖離家、不守祖業，乃是出外創業、白手起家之格局。
年月柱三見比肩，也是少小離家、獨立自主之現象。
更見年月乙庚合而財星逢奪，年月為青少運，比劫通透必剋財星，則六親緣薄；月柱父宮財星逢剋，尤顯剋父、與父緣薄。

〔獨白：此女自小父母離異、由祖母帶大〕

壬戌、壬寅、壬申、庚子。……

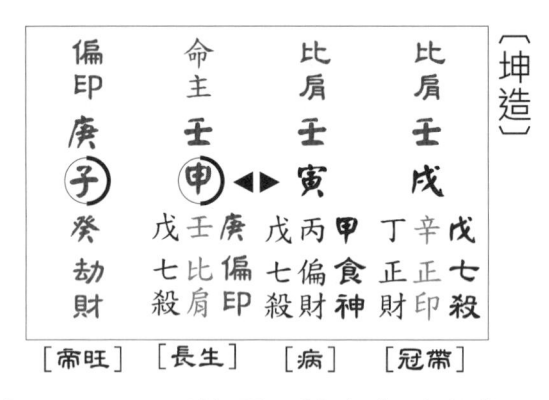

〔坤造〕	比肩	比肩	命主	偏印
	壬	壬	壬	庚
	戌	寅	申◀▶	子
	戊辛丁	甲丙戊	庚壬戊	癸
	七正正	食偏七	偏比七	劫
	殺印財	神財殺	印肩殺	財
	〔冠帶〕	〔病〕	〔長生〕	〔帝旺〕

緣薄顯象：天干三壬比肩、地支梟神奪食，
**　　　　正印不現、偏印通透於日時。**

- 壬水生於食神寅月，年月雙見壬水比肩，俱來通根時支子水劫財陽刃，身主已自不弱，更見日坐申金偏印長生、時透庚金偏印，身強之造，以剋洩耗為喜。月令寅木逢申金偏印貼沖，不宜為用，只能勉取年支戌土七殺為命局用神。
- **命局不見財星，尤其年月干透比肩、暗剋財星，與父親無緣；正印不現，亦是與生母無緣之象；月令食神逢偏印相沖，梟神奪食，暗示自小先天食祿遭奪而另尋庇蔭。**
- 父母親在其出生當年即離婚，從此未曾再見生母，由父親與奶奶扶養長大，無親兄弟姊妹；然父親續二絃，有同父異母的弟妹各二人。

〔旁註：食傷是財星之源，佔母宮論為祖母〕

癸酉、辛酉、癸巳、戊午。……坤造。

〔坤造〕	比肩 癸酉 辛 偏印	偏印 辛酉 辛 偏印	命主 癸巳 丙戊庚 正財正官正印	正官 戊午 丁己 偏財七殺
	[病]	[病]	[胎]	[絕]

緣薄顯象：年月多見偏印、比肩暗剋財星。

● 癸水生於偏印酉月，年透癸水比肩，然俱無明根；唯年支再見酉金而月透辛金偏印通透，身主反強，應以剋洩耗為喜。時干戊土正官虛浮合日、不宜為用，日支巳火本是財星，然生於秋季、而且巳酉相合，巳實是金之長生，只能取時支午火偏財為命局用神。

● 年月兩柱主前半生，偏印通透多見、不見財星，更見年透癸水比肩則暗剋父親財星。
  受母親影響很大，與父親無緣，出身單親家庭。
  〔獨白：財星匯聚日時，不論父星〕

乙未、甲申、癸酉、乙卯。……坤造。

```
〔坤造〕
食神 乙未  飛刃
        乙 七殺
        丁 偏財
        己 偏財

傷官 甲申
        庚 正印
        壬 劫財
        戊 正官

命主 癸酉  天德
        辛 偏印

食神 乙卯
        乙 食神

〔癸日主流年〕
2 正財 丙申 正印

[長生] [病] [死] [墓]
```

緣薄顯象：財星不現、年月食傷雙透暗剋正官。

- 癸水生於正印申月，再見日支酉金偏印，身無明根，別無生扶，身弱之造，應以比劫印星為喜。

  日支酉金與時支卯木相沖，不宜為用；終取月令申金正印剋食傷化七殺為命局用神。

- **論祖上父母，全局不見財星，更見年柱飛刃、刑傷祖上父母，註定背祖而父緣薄；月令母親宮，坐正印母星，與母緣厚、感情較親密。**

- 出生8個月，父母離婚，跟母親、由外婆帶，仍依父姓，父親方面有雙姓祖先。

〔旁註：尚未上運，八個月剛好流年1歲跨越2歲。

1歲流年乙未，年柱伏吟，未土動合時支卯木，

乙木動洩日主，日主剋洩交集，卻是印星旺動。2歲流年丙申，歲支申金伏吟月支、動剋時支卯木食神，食傷旺而印弱，印耗福薄；歲干丙火正財入命犯日主、反遭回剋〕

〔獨白：剋洩交集則不享家庭食祿，印耗福薄則失蔭護，日主剋財則剋父〕

辛未、丁酉、壬辰、戊申。……坤造。

〔坤造〕	正印 辛未	正財 丁酉	命主 壬辰	七殺 戊申
	乙丁己 傷正正 官財官	辛 正印	癸乙戊 劫傷七 財官殺	戊壬庚 七比偏 殺肩印
	[養]	[沐浴]	[墓]	[長生]

緣薄顯象：身強日主合剋正財、年月財印暗剋。

- 壬水生於正印酉月，時支申金偏印、年透辛金正印，身強之造，以剋洩耗為喜。局中官殺俱有化印之虞，用之乏力，只能取月干正財為命局用神。
- 出生數日，父母即離婚而依父，奶奶一路扶養長大。

〔出養命例〕

癸亥、己未、甲午、庚午。……

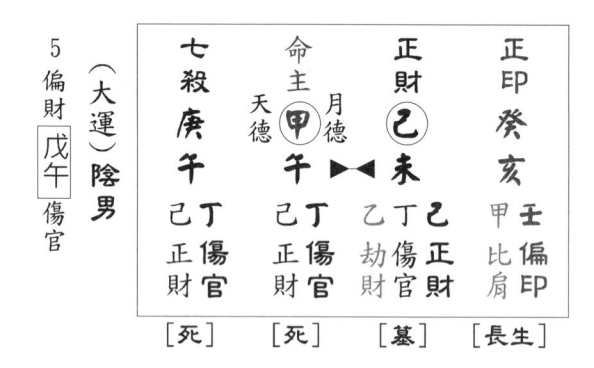

	七殺 庚午 己丁 正財 傷官	命主 天德 甲午 己丁 正財 傷官	正財 月德 乙未 乙丁己 劫財 傷官 正財	正印 癸亥 甲壬 比肩 偏印
（大運）陰男 5 偏財 戊午 傷官				
	［死］	［死］	［墓］	［長生］

緣薄顯象：日主無明根、年月干支俱見財星壞印。
**　　　　　初運更見干透財星壞印。**

● 甲木生於正財未月，日主甲木與月干成甲己合，不見爭合，又不另見木星，本可以成其化氣，然年柱正印通透，且地支化神無力、天干又不透，實在不能入化氣格。應以身弱命造論，以印比為喜。

● 初運戊午，家貧出養異姓。

〔旁註：午火傷官入命伏吟日時，月日午未脫合，
　　　　未土動剋年支亥水偏印，**財星壞印**，即有破出原
　　　　系統另尋父親養命之象；戊土偏財入命，直接剋
　　　　年干癸水正印，更是幼時出祖離家之象〕

甲申、癸酉、甲申、辛未。……坤造。

〔坤造〕

比肩 甲申	正印 癸酉	命主 甲申	正官 辛未
庚七殺 壬偏印 戊偏財	辛正官	庚七殺 壬偏印 戊偏財	丁傷官 乙劫財 己正財
[絕]	[胎]	[絕]	[墓]

（大運）陽女

4 偏印 壬申 七殺

緣薄顯象：地支財星黨殺、年干比肩截腳。

● 甲木生於正官酉月，日主無根，但有癸水正印貼生，不能棄命相從。身弱之造，應以比劫印星為喜。年月比印俱無明根，申中偏印有財星貼剋，終取時支未土正財中之乙木劫財為命局用神。

● 年柱透比肩，宜於少小獨立；然而身弱無根、地支一片財星黨殺而攻身，終是飄蓬浮萍；坐下七殺截腳，不受祖上歡迎，終須動出家嗣。

● 出處謂：〈幼出養異姓為養女。申運末幼稚之齡遽遭養父摧殘破身，歷經二年；辛運被養母無意間撞見醜事，一怒之下押於綠燈戶〉。

〔旁註：年柱限運見比肩透干，多主六親情緣逢傷，身弱而年支申金七殺，多遭苦毒。

更見第一柱大運壬水偏印、地支七殺伏吟，乃是被逼另尋家庭之顯象〕

〔旁註：命局財生殺旺，官殺肆虐，

故而多受摧殘、任人糟蹋，

受人逼迫而墮入風塵〕

癸酉、壬戌、甲戌、乙亥。……坤造。

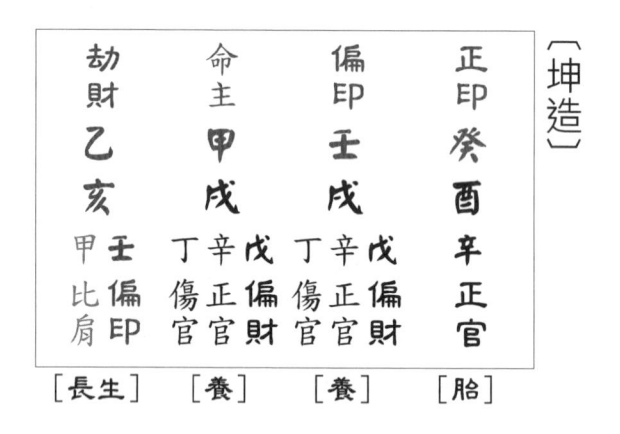

〔坤造〕	正印 癸酉 辛 正官	偏印 壬戌 丁辛戊 傷官 正官 正財	命主 甲戌 丁辛戊 傷官 正官 正財	劫財 乙亥 甲壬 比肩 偏印
	〔胎〕	〔養〕	〔養〕	〔長生〕

緣薄顯象：年月雙透正偏印、月柱印逢截腳。

〔出養命例〕 251

- 甲木生於偏財戌月，雖時干有乙木劫財，然俱通根於時支亥水長生，再見年月雙透壬癸正偏印，雖身無明根，卻是身強之造，應以剋洩耗為喜。
  察年支酉金正官洩於干頭印星，不能取用，終以月令戌土偏財為命局用神。

- 月日支偏財重現，年月干正偏印雙透，皆為過房或父母重婚之象。
  〔旁註：年月正偏印通常有雙姓之象〕

- 出生後三天就被送給人作養女。

〔獨白：未上運以月柱壬戌為大運，因此歲運癸酉及壬戌伏吟而動。干頭正偏印均動，有換母換宅換姓之義；戌土偏財動剋亥水偏印，財星剋印乃因現實而損及蔭護，又是繼父繼母之動象。
至於酉金正官動生亥水偏印，
則有從原生家庭迎向繼母且換人照顧之顯象〕

甲申、癸酉、乙巳、丁丑。……坤造。

〔坤造〕

劫財	偏印	命主	食神
甲申	癸酉	乙巳	丁丑
庚正官 壬正印 戊正財	辛七殺	丙傷官 戊正財 庚正官	癸偏印 辛七殺 乙偏財
〔胎〕	〔絕〕	〔沐浴〕	〔衰〕

（大運）陽女 4 正印 壬申 正官

緣薄顯象：身主與印星俱無根虛浮，年干劫財見截腳。

● 乙木生於七殺酉月，地支巳酉丑三合殺局，年支又是申金正官，地支一片官殺。雖年干見劫財甲木幫身，然俱是無根，時干丁火食神亦是無根，制殺反是犯旺；偏偏月令癸水印星有氣而不能論棄命相從。

總論身弱，應以比印為喜。

● 日主無根而坐下七殺攻身，甲癸劫印虛浮年月，用而無用，實是貧夭濁命。

月柱父母宮，本正財正印之位，卻見偏印佔據，離開原生家蔭、他處尋蔭了；為癸水偏印亦是無根，終是無印無靠。年干甲木劫財，本是自小獨立之現象，唯其無根，又逢坐

下截腳,立而不立,終是飄蓬浮萍。

- 此造出生貧苦,自幼送人當養女。

 第二柱大運辛未,被養父母推入火坑而操賤業。

 〔旁註:初運壬申,地支殺旺,壬水印星入命卻來丁壬合而梟神奪食、印食兩滯,或謂為食而另尋庇護〕

丙午、壬辰、乙巳、甲申。……

	傷官	正印	命主	劫財
	丙午	月德 天德 壬辰	乙巳	甲申
	己丁 偏食 財神	癸乙戊 偏比正 印肩財	戊丙庚 正傷正 財官官	戊壬庚 正正偏 財印官
	[長生]	[冠帶]	[沐浴]	[胎]

(大運)陽男

7 偏印 癸巳 傷官

緣薄顯象:年柱傷官通透、月柱財星壞印。

- 乙木生於正財辰月,辰有微根,雖時透甲木劫財、月透壬水正印,然身主究屬衰弱,應以比劫印星為喜,終取辰中乙木為用神。

- 命造從小過繼給叔叔。

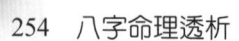

〔旁註：年柱食傷通透，已有脫離原排序之現象；
　　　月令正印又逢月令財星截腳，與生母緣淺了〕
〔獨白：父宮正印，有仍依父親原有世系之義，
　　　也就是說並未改姓、與生母仍然親密〕

戊寅、戊午、乙巳、戊子。……

正財	命主	正財	正財
戊子	乙巳	戊午	戊寅
癸	庚戊丙	己丁	戊丙甲
偏印	正正傷官財官	偏食財神	正傷劫財官財
〔病〕	〔沐浴〕	〔長生〕	〔帝旺〕
天孤大乙鸞敗	血孤亡勾刃辰神絞	桃文金花昌匱	劫煞

64 54 44 34 24 14 4
比 劫 偏 正 七 正 偏
肩 財 印 印 殺 官 財
乙 甲 癸 壬 辛 庚 己
丑 子 亥 戌 酉 申 未
偏 偏 正 正 七 正 偏
財 印 印 財 殺 官 財

（大運）陽男

緣薄顯象：用神劫財身根在年、忌神匯聚年月。

- 乙木生於食神午月，通根年支寅木帝旺劫財，又見時支子水偏印，終是身弱，應以比劫印星為喜。
  時支子水偏印有戊土正財蓋頭，只能以年支寅木劫財身根為命局用神。

- 論出身，專注年月兩柱。
  明見劫財合食神，早年獨立尋食之現象；
  正財雙透無明根、坐下截腳，六親緣薄、與父無緣；
  年月無印、卻見偏印在時支，與原生家庭生母無緣，
  必須他處求蔭的顯象。
  〔旁註：印即是蔭，正印主原生之蔭，偏印是外來之蔭〕

- 出處註明：〈此造為養子，一出生，其養母即催促其生父母快點過繼給她，要正式收養他〉

甲子、甲戌、丙申、丁酉。……

劫財	命主	偏印	偏印
丁	天德 丙	甲	甲
㊀酉	月德 ㊀申	㊀戌	亥	子
辛 正財	戊壬庚 食神 七殺 偏財	丁辛戊 劫財 正財 食神	癸 正官
[死]	[病]	[墓]	[胎]

※ 注：原表中時柱地支為「酉」，日柱地支為「申」，月柱地支為「戌」「亥」，年柱地支為「子」。

- 甲木生於食神戌月、時透丁火劫財，不見明根，年月雙透甲木偏印而虛懸，身弱以比劫印星為喜。

  欲取月令中暗藏之丁火劫財為用神，卻逢申酉戌三會金神財局，只能以時干丁火劫財為用。

- 自小即被收養、心性自閉，

〔獨白：本來年月見雙印，可論有雙姓祖先；

本造既不能獨立、自求財情，自是不能有自己住宅並設神位主祭。

月令偏印，主出養；年干偏印，就可能代表其出身亦是庶出、不受歡迎、不受承認〕

〔出養命例〕

壬午、辛丑、丙寅、丙申。……坤造。

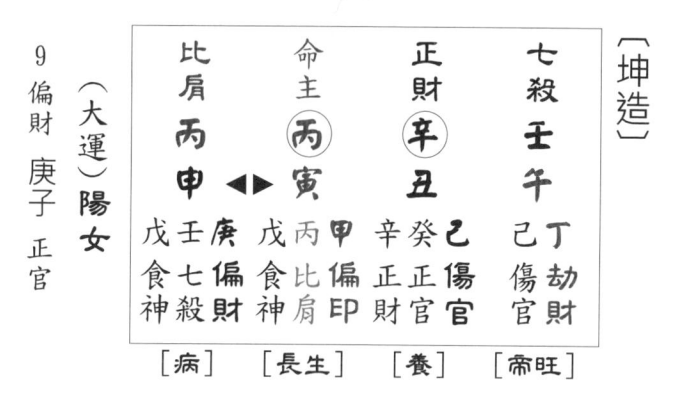

〔坤造〕

七殺 壬午	正財 辛丑	命主 丙寅	比肩 丙申
丁劫財 己傷官	癸傷官 辛正財 己正官	甲偏印 丙比肩 戊食神	庚偏財 壬七殺 戊食神
[帝旺]	[養]	[長生]	[病]

（大運）陽女
9 偏財 庚子 正官

緣薄顯象：地支財星壞印，年支劫財陽刃。

● 丙火生於傷官丑月，通根陽刃年支午火，又自坐長生寅木，身主不弱而停均；
唯綜觀全局，比印不佔月令、寅木逢沖剋，身主仍屬偏弱，宜取比劫印星為喜，終以年支午火偏印陽刃為用神。

● **年月傷官財殺忌神匯聚，不享原生家庭財情。**
傷官為格、多見少小離鄉、他處立基；
年支劫財亦是與祖上情疏、早年獨立之現象。

● 出身不佳，自幼送人為養女。
〔旁註：年柱劫殺，身弱七殺為忌、午火身根又遭蓋頭〕

〔旁註：年支劫財主自立自強，又暗洩印星且暗剋財星，與父母緣薄。月令丑土暗藏傷官剋官，與原生家庭緣薄。月干辛金正財逢日主剋合，與父無緣〕

〔旁註：第一柱大運庚子，子水入命沖祖上宮，又合月令傷官，傷官見官；庚金財星入命犯時干丙火而遭反剋，財破傷情〕

戊子、甲寅、丙申、辛卯。……坤造。

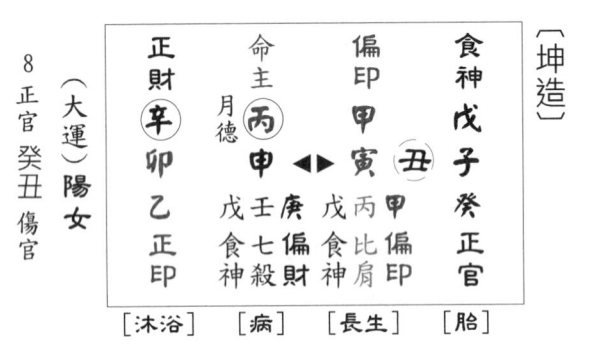

〔坤造〕	食神 戊子 癸 正官	偏印 甲寅 甲 偏印 丙 比肩 戊 食神	命主 月德 丙申 戊 食神 壬 七殺 庚 偏財	正財 辛卯 乙 正印
	〔胎〕	〔長生〕	〔病〕	〔沐浴〕

（大運）陽女
8 正官 癸丑 傷官

緣薄顯象：日主無根、月柱偏印，年柱正官逢蓋頭，年月梟神奪食。

● 丙火生於長生偏印寅月，時見卯木正印、透出月干甲木偏

印，雖身無明根、別無生扶，卻成身強之造；
印星為最大忌神，反宜財星破印為用；
終以日支申金偏財為命局用神。
干頭辛金逢合而滯，用神申金實難發生作用，用而無用，
難取用神，反是貧夭濁命。

● **月柱父母宮，偏印忌神通透，原生父母俱是無緣，必受外來偏房照顧。年柱正官逢蓋頭，違逆原世系；
更見年月干頭梟神奪食，少小另尋食祿蔭護了。**

● 命主自幼為人抱養，由阿嬤帶養。
〔旁註：年柱子水正官逢戊土食神蓋頭，
　　　　即有與原世系家庭無緣之顯象；
　　　　更見年月柱偏印通透、月干偏印奪年干之食，
　　　　確認原生家庭無食、必須另尋庇蔭〕
〔旁註：若論初運，癸丑入命，與年柱天地德合，
　　　　干支俱是**傷官見官**，破祖離家了〕

己巳、丁丑、丁丑、丁未。……

比肩	命主	比肩	食神
丁未	丁丑	丁丑	乙巳
乙丁己 偏比食 印肩神	辛癸己 偏七食 財殺神	辛癸己 偏七食 財殺神	庚戊丙 正傷劫 財官財
[冠帶]	[墓]	[墓]	[帝旺]
紅羊紅 豔刃豔	陰華 錯蓋	華華 蓋蓋	

62	52	42	32	22	12	2	（大運）陰男
正財	偏財	正官	七殺	正印	偏印	劫財	
庚午	辛未	壬申	癸酉	甲戌	乙亥	丙子	
比肩	食神	正財	偏財	傷官	正官	七殺	

緣薄顯象：天干三見比肩、比劫通透在年月、不見財印。

● 丁火生於食神丑月，月時雙透丁火比肩、同來通根年支巳火帝旺劫財，身主不弱，唯不佔月令，身弱之造，應以比劫印星為喜，年支巳火劫財身根是命局用神。

- 論出身，比肩多透，兄弟必多；年支見劫財為用、比劫生食神，當是早年獨立自主、自求食祿。
 全局財印暗藏，父母無緣無情，
- 父母兄弟無緣，一出生即被託人日夜帶，最後其母不但傭金不付也不領回，被託養之人只好正式領養為養子。
〔旁註：財印不透，與父母緣薄；天干三透比肩，
　　　尤其年月比劫通透有力，必暗剋財星，
　　　與父緣薄、六親緣薄〕

戊戌、乙丑、丁未、辛丑。……坤造。

〔坤造〕

	傷官 戊戌	偏印 乙丑	命主 丁未	偏財 辛丑
	戊 傷官 辛 偏財 丁 比肩	辛 偏財 癸 七殺 己 食神	乙 偏印 丁 比肩 己 食神	辛 偏財 癸 七殺 己 食神
	[養]	[墓]	[冠帶]	[墓]

〔丁日主流年〕
3 正財庚子七殺

緣薄顯象：年月傷官通透、月透偏印。
　　　　　全局財星壞印、印耗福薄。

- 丁火生食神丑月，身無明根，坐下未中丁乙逢沖而散、干透乙木偏印虛浮，宜於棄命相從。食傷通透最旺，且見辛金財星，本可論從兒格，然而從兒不可見印，尤其乙木貼近年干戊土傷官，終是不能論從，以普通格局身弱論，比劫印星為喜。月干乙木透而時見辛金為隱憂，終取戌中丁火比肩為命局用神。
- **綜觀全局，丑戌未三刑齊全且四支俱刑，可見六親之緣薄、心性之顛簸與煎熬；干透財星壞印，年月食傷忌神匯聚，見梟神剋食，實是印耗福薄，命主人生之飄搖不在話下。**
- 3歲庚子流年，母死，後出養他人。
  〔旁註：尚未上運，以月柱為大運，丑土伏吟而丑戌未三刑俱動，四支全動，戌未中之比劫印星俱失；
  乙木偏印動剋戊土傷官、並犯辛金財星而遭剋〕
  〔旁註：流年庚子，歲支子水七殺入命逢丑土爭相合剋、未戌同來圍攻，身弱難任而**剋洩交集**；
  歲干庚金正財剋合月干乙木偏印，**財星壞印**〕
  〔獨白：干支顯現失去家蔭、另尋食祿、身主飄蓬。庚子流年子水入命爭合丑土不合，反而遭剋，身主無根則剋洩交集；庚金正財入命逕自合剋月干乙木偏印，財星壞印、確定印失而母亡〕

〔出養命例〕

戊寅、甲寅、丁酉、甲辰。……。

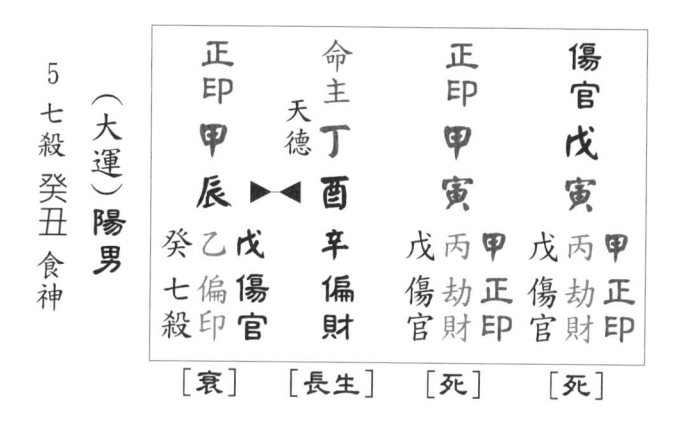

正印 甲辰 癸乙戊 七偏傷 殺印官	命主 天德 丁酉 辛 偏財	正印 甲寅 戊丙甲 傷劫正 官財印	傷官 戊寅 戊丙甲 傷劫正 官財印
[衰]	[長生]	[死]	[死]

（大運）陽男
5 七殺 癸丑 食神

緣薄顯象：梟神奪食、印強財耗。

● 丁火生於正印寅月，身主無根、全憑印扶，然年支再見寅木正印、透出月時甲木正印，身主反強，應以剋洩耗為喜。

綜觀全局，年干透戊土傷官而逢坐下截腳，時支辰土傷官又有甲木蓋頭，俱不能為用；

印多為忌，應取財星破印為用，最終取日支酉金偏財為用神。

- 身無明根,純靠印星;正印通透多見為忌,正印亦成梟印。年月梟印忌神匯聚、梟神奪食,更見年透傷官,與原生家庭無緣,必須他處尋蔭。

- 命主自小為人收養,養父亦是早逝,一直是養母照顧。
〔旁註:命局年透傷官,與原世系無緣,而且食傷截腳,有**梟神奪食**之義,早年另尋食祿的現象〕
〔旁註:年月不見財星,月柱正印通透,母星佔住父宮,與父無緣。全局印旺,顯然命主純係媽寶〕
〔旁註:五歲之前流年**己卯**、**庚辰**、**辛巳**,不是**梟神奪食**就是**梟盛財耗**〕
〔獨白:其母透露:也許自小無父愛,恐有戀父情結?
找父齡之老男人搞同性戀。
命局日時地支辰酉合而傷官生合偏財,
俱是偏星,不正常之情慾產生畸戀。
男命以偏財為父,戀父情結?〕

〔出養命例〕

己丑、丙子、丁酉、辛丑。……坤造。

	食神 乙丑	劫財 丙子	命主 丁酉	偏財 辛丑	
〔坤造〕3 比肩 丁丑 食神 （大運）陰女	己 食神 / 癸 七殺 / 辛 偏財	癸 七殺	辛 偏財	己 食神 / 癸 七殺 / 辛 偏財	4 正官 壬辰 傷官 〔丁日主流年〕
	[墓]	[長生]	[絕]	[墓]	

緣薄顯象：身主無根無印、剋洩交集，年柱食神通透，等同傷官通透。

● 丁火生於七殺子月，身主無根無印星，宜棄命相從。
全局食神最旺，又見財星，本可成立從兒格；
然生於七殺月令而旺，違逆食傷有力，且年月子丑合，丑土實是七殺水地，終是不能論從，普通格局、身主無根、剋洩交集，以月干劫財為用。

● 論出身，無印則無蔭，月干宮剋星，與父緣薄。
年月忌神匯聚而剋洩交集，月干劫財用神虛浮，

立而不立，終是漂泊浮萍。

● 大運丁丑，4歲流年壬辰，出養為他人養女。

〔旁註：大運丁丑，運支丑土入命伏吟年支及時支，子丑脫合、丑酉脫合，土生金而金生水，殺強而違逆用神；運干丁火比肩入命伏吟日主而動剋辛金偏財。有**六親刑剋之顯象**〕

〔旁註：流年壬辰，歲支辰土入命爭合子水與酉金，還是子丑脫合、丑酉脫合，殺強而違逆用神；歲干壬水正官合日主，另尋家庭的顯象〕

丁酉、己酉、戊申、戊午。……

正印	劫財	命主	比肩	
丁	己	戊	戊	〔戊日主流年〕
酉	酉	申（未）天赦	午	6 偏財 壬寅 七殺〔出嗣〕
辛 傷官	辛 傷官	庚 食神 / 壬 偏財 / 戊 比肩	丁 正印 / 己 劫財	
〔死〕	〔死〕	〔病〕	〔帝旺〕	

緣薄顯象：不見財星、月透劫財、年柱梟神奪食。

- 戊土生於傷官酉月，干透全是劫印，俱是通根於時支午火陽刃，身旺以剋洩耗為喜；然命中無財官，只能取申酉食傷為喜用。
  年支酉金有丁火蓋頭、日支申金有時支午火貼剋，故而月令酉金為命局用神。

- 不見財星，尤其年干父宮見劫財，星剋宮，與生父無緣。年月地支傷官伏吟，暗剋正官，坐實與原生家庭父母無緣。

- 尚未上運，6歲壬寅流年為人養子。
  〔旁註：寅木入命沖日支申金，又來生合日支午火，**印動剋食**。天干則丁壬合而**財星破印**。
  正印逢傷而離開原生家庭、另尋食祿〕
  〔旁註：不見財星，與父親無緣。
  流年財星虛浮入命，若不是壞印破祖離家，就是逢比劫分奪，破壞六親情緣〕

丙申、壬辰、己巳、丙寅。……坤造。

〔坤造〕	正印 丙申	正財 壬辰	命主 己巳	正印 丙寅
	戊 壬 庚	癸 乙 戊	庚 丙	戊 丙 甲
	劫 正 傷	偏 七 劫	傷 正	劫 正 正
	財 財 官	財 殺 財	官 印	財 印 官
	［沐浴］	［衰］	［帝旺］	［死］

緣薄顯象：年月財星壞印、梟神奪食。

- 己土生於劫財辰月，坐下見巳火正印，年時又透雙丙正印，本是身強而以剋洩耗為喜；然而年月申辰拱子而月透壬水，申壬辰三合財局，辰劫化財，反成身弱財多，應取比劫印星為喜。年干丙火日支巳火印星俱逢財局之剋，不能取用，只能以時干丙火正印化坐下官星為用神。

- 月令劫財，本即先天有財情之剋、早年自立，更見年月干支三合、身根化財，且財星壞印，終是身不由己、脫離原生世系、另尋情緣。

● 出生四十天之後，送給親姨母作養女。養父母時常搬家，未能完成國中教育，初二休學到工廠當女工。

〔旁註：未上運，以月柱論大運，因此原局年月兩柱俱動，三合鬆脫，實際上是辰土剋壬水奪財。

六親情緣有破：

壬水剋丙火而財剋印，**與母緣薄**、與原生家庭緣薄；丙火蓋頭申金而奪食，必須**另尋食祿**〕

〔獨白：**由於未上運是以月柱論大運，月柱見比劫剋財，尤其是月令比劫而干頭財星，通常甫出生即是六親緣薄，少小離開原生家庭自立**〕

〔旁註：原局寅申巳三刑，第一柱大運辛卯，卯木入命，合會俱是不成，三合鬆脫，三刑大動，申金亦來刑合日支巳火，四柱地支無一安寧；

天干辛金入命逢雙丙爭合而不合，

變成**梟神奪食**，必須另尋食祿〕

〔獨白：**年月二柱主青少年限運，若是第一柱大運入命造成動盪不寧，則少小流離顛沛或難得安定，通常不能安心向學，學歷不會高**〕

壬申、己酉、庚子、庚辰。……

```
（大運）陽男

2  比肩 庚戌 偏印

食神 壬申 庚比肩 壬食神 戊偏印    [臨官]
正印 乙酉 辛劫財                    [帝旺]
命主 庚子 癸傷官 戊偏印 乙正財      [死]
比肩 庚辰 癸傷官 乙正財 戊偏印      [養]
月德      月德

7  偏印 戊寅 偏財
〔庚日主流年〕
```

緣薄顯象：年月地支祿刃並排。

- 庚金生於陽刃酉月，為月刃格，以壬子食傷為喜用。只是壬水食神逢月干己土正印貼剋而梟神奪食，並不得力；最終只能以日支子水為命局用神。

- 劫財當令而透，家中兄弟眾多；劫旺而暗剋財星，故而與父親無緣。
  論母親，己土正印無助，氣息盡洩於刃比，故母親體弱多病，雖生而無力照顧。
  〔旁註：建祿或月劫為格，以比劫是財星之剋神，先天即是

〔出養命例〕

六親緣薄。身強不勞印生，多見離家過房之命〕

〔獨白：凡月令是比劫祿刃，必是被祖離家之命；
　　　　年支更見比劫，則財星難存，與父緣薄；
　　　　印星乍看似乎通透，然地支印星逢三合而化傷，
　　　　月干父宮正印母星失根，盡洩於坐下劫財，
　　　　反無力來生日主。

● 庚戌大運，7歲戊寅流年送給他人收養。
〔旁註：大運庚戌，戌土入命沖辰破三合，
　　　　而辰土動剋日支子水傷官，梟神奪食；
　　　　子水食神被奪，原來食祿沒有了。
　　　　庚金入命伏吟日主比肩庚金、動洩己土正印而生
　　　　壬水食神，有**另尋食祿**之意涵〕
〔旁註：流年戊寅，流年天剋地沖年柱，背離原生祖上；
　　　　寅木入命沖年支申金，觸動子水辰土相戰，
　　　　食祿被奪；天干戊土入命剋年支壬水，
　　　　亦是奪去原來之食祿〕

壬辰、甲辰、辛巳、壬辰。……坤造。

〔坤造〕

傷官 壬辰 天德	命主 辛巳	正財 甲辰	傷官 壬辰 月德 天德
癸 乙 戊 食 偏 正 神 財 印	庚 戊 丙 劫 正 正 財 印 官	癸 乙 戊 食 偏 正 神 財 印	癸 乙 戊 食 偏 正 神 財 印
〔墓〕	〔死〕	〔墓〕	〔墓〕

緣薄顯象：梟印當道、年見傷官。

● 辛金生於正印辰月，日主無根，地支三見辰土正印，別無生扶，然得月令，身主反強，以剋洩耗為喜。年月天干壬水傷官，俱逢印星截腳，不能為用。印多為忌，本應以財星破印為用，然月干甲木正財無根虛浮，難以著力；欲以日支巳火正官為用神，日支官印相生又印來生身，官星亦是無用。最終勉以辰中乙木財星為用神。

● 身主無根，純靠印星，卻見地支一片正印為忌，正印亦成梟神；年月坐下梟神成群，反是脫出世系、他處尋蔭的現

象。年透傷官，亦是剋出世系的顯象。
- 自小家境不佳、送人領養，只有小學畢業。

〔旁註：正官洩於梟印，財星虛浮，命中感情飄蓬無根、
　　　　六親無助〕

〔旁註：傷官本是後天學習之星，只是無根又逢奪食，既
　　　　缺食祿，又主沒有學習機會。
　　　　年干傷官主幼運破祖，截腳則有梟神奪食之義，
　　　　辰中正印又逢財星之破，印即是蔭，與原生家庭
　　　　無緣了〕

丁丑、己酉、壬戌、壬寅。……坤造。

	〔坤造〕			
	正財	正官	命主	比肩
(大運)陰女	丁丑	己酉	壬戌	壬寅
3 偏印 庚戌 七殺	己正官 癸劫財 辛正印	辛正印	戊七殺 辛正印 丁正財	戊七殺 丙偏財 甲食神
	〔衰〕	〔沐浴〕	〔冠帶〕	〔病〕
				天德

緣薄顯象：身主無根用印、印星逢合，年月財星虛浮逢洩弱。

● 壬水生於正印酉月，雖時干見比肩壬水，然官殺通透有力，身主偏弱，應以印比劫為喜。

由於財生官殺強，宜用印化殺生而身為用，月令酉金真神得用，富貴命造。

〔**主象：殺印相生、干透財官相生**〕

● **年月財官印全，出身家世亦是富貴，唯財官忌神匯聚，故而不能承續享用。**

唯正印為格、得財官順生，行運合宜，新環境仍屬富貴。

● 自幼即被送入另一家庭為養女。

〔旁註：尚未上運，以月柱為大運，出生當年必是年月兩柱動搖，丑酉脫合，酉金動剋時支寅木，有奪食之義；以酉金正印洩弱於官殺，母蔭薄弱，丑戌相刑動犯寅木則是剋洩交集；天干丁火動犯日主比肩而遭剋，與父無緣〕

〔旁註：若論3歲第一柱大運庚戌，戌土七殺入命扶吟日支、動犯寅木食神，身弱又剋洩交集之義；
運干庚金偏印入命、逕犯年干丁火正財，身弱有**財星壞印**之義〕

〔獨白：小運梟神奪食、財星壞印，因此為人養女〕

甲辰、丁丑、癸未、壬子。……坤造。

	傷官 甲辰	偏財 丁丑	命主 癸未	劫財 壬子	〔坤造〕
	戊乙癸 正食比 官神肩	辛癸己 偏比七 印肩殺	乙丁己 食偏七 神財殺	癸 比肩	
	〔養〕	〔冠帶〕	〔墓〕	〔臨官〕	
	寡宿	羊天寡 刃乙宿	飛天勾 刃乙絞	桃祿金 花神匱	

8	18	28	38	48	58	68	3
正財 丙子 比肩	食神 乙亥 劫財	傷官 甲戌 正官	比肩 壬申 正印	劫財 辛未 七殺	偏印 庚午 偏財	正印 己巳 正財	正財 丙午 偏財
（大運）陽女							〔癸日主流年〕

〔出養命例〕

緣薄顯象：年月忌神匯聚，財浮無印，母宮逢沖。

● 癸水生於七殺丑月，時柱壬子比劫通透，仍屬身弱，應以比劫印星為喜，時支子水祿神為命局用神。

● 年月忌神匯聚，與祖上父母無緣，尤其年柱祖上宮**傷官見官**，破組離鄉之命。

● 尚未上運，3歲流年丙午，被母親賣掉當養女。
〔旁註：比劫通透，手足眾多。
　　　　月柱父母宮兄弟宮為忌，父母無情、手足分離〕

〔獨白：父宮偏財值位為忌、虛浮無氣，生父不濟事。
　　　　母宮正印暗藏於七殺忌神，母親無緣而暗傷〕

〔私生子女命例〕

庚戌、壬午、乙亥、甲申。……私生子。

〔乙日主流年〕

3 正印壬子偏印

劫財 甲申 戊正財 壬正印 庚正官	命主 乙亥 甲劫財 壬正印	正印 壬午 己偏財 丁食神	正官 庚戌 戊正財 辛七殺 丁食神
[胎]	[死]	[長生]	[墓]

緣薄顯象：身無明根、純靠印生而用財，
　　　　　卻見日月之財暗藏逢合無力。

● 乙木生於食神午月，自坐亥水長生，干透甲壬劫印，身主似乎偏弱，然年庚時支正官俱逢正印貼洩生身，身主反強，以剋洩耗為喜；終取午中己土偏財為用神。

〔私生子女命例〕 279

- 日主不明見身根、坐下正印,月透正印正印貼生、母代父職,可見與母緣分之厚;月令母宮午火食神暗藏之己土偏財,生父暗藏不現。
  年支正財明現,逢合而有化食之義,為名義上之父親。

- 母親因丈夫入獄,與有婦之夫生下本造。
  〔旁註:年支戊土正財逢合而不能生天干庚金正官,父親因事不能照顧家庭的顯象。
  月令正印暗合坐下午中丁火,論母親偷情;母宮午中暗藏己土偏財,母親有情夫之顯象〕

- 約及四歲,現在的父親出獄認養。
  〔旁註:3歲流年壬子,尚未上運,以月柱壬午為大運,太歲子水入命沖月支午火,午戌脫合,戊土財星動剋亥水正印,午火食神動剋時支申金正官。
  歲干壬水正印伏吟月干、洩正官而生日主劫財〕
〔獨白:戊土正財脫出剋亥水正印,父親出現找上母親。
  午火食神剋正官,有食祿供應家裡了。
  天干正印動生日主,命主受到照蔭了〕

丙戌、癸巳、乙酉、壬午。……

正印	命主	偏印	傷官
壬	乙	癸	丙
午	酉	巳	戌
己丁　偏食財神	辛　七殺	庚戊丙　正正傷官財官	丁辛戊　食七正神殺財
[長生]	[絕]	[沐浴]	[墓]
桃文金花昌匱	天乙	元亡辰神	

```
 69  59  49  39  29  19   9
 正  偏  正  食  傷  比  劫   （大
 官  財  財  神  官  肩  財    運
 庚  己  戊  丁  丙  乙  甲   ）
 子  亥  戌  酉  申  未  午   陽
 偏  正  正  七  正  偏  食    男
 印  印  財  殺  官  財  神
```

緣薄顯象：身弱難任財官、年月忌神匯聚而傷官通透，命局干透雙印。

- 乙木生於傷官巳月，身主無根，月時兩見壬癸正偏印，身弱而不能從，應以比劫印星為喜。
  最終只能以月干時水正印為命局用神。

- 論出身，年月傷官生財忌神匯聚，不得祖上栽培；
  月時干透正偏印有雙母或雙姓之徵；出處註明：
  〈有雙母之徵……其母為小老婆〉。
  正印偏處時干，而偏印佔父宮、戌土正財父星遠隔，可見在原生家族中，父親無用、生母則不能登堂入室。
  〔獨白：正印偏處時干，月干父宮高透偏印，
  　　　　可見父親家中事務皆由正宮掌控〕

- 論心性，甚為貪杯。
  〔旁註：午酉逢而江湖花酒〕

癸丑、己未、丙子、戊子。……

食神 戊子 癸 正官	命主 丙子 癸 正官	傷官 己未 乙丁己 正印 劫財 傷官	正官 癸丑 辛癸己 正財 正官 傷官
[胎]	[胎]	[衰]	[養]
將星	陽差		

（大運）陰男

10 食神 戊午 劫財
20 劫財 丁巳 比肩
30 比肩 丙辰 食神
40 正印 乙卯 正印
50 偏印 甲寅 偏印
60 正官 癸丑 傷官
70 七殺 壬子 正官

〔私生子女命例〕

緣薄顯象：年月忌神匯聚、傷官見官，財印藏、年月相沖。

- 丙火生於傷官未月，不見明根，未月到底是火地，未中丁火微根；其他毫不見生扶，身弱之造，應以比劫印星為喜。最終只能以未中丁火為用神。
  〔主象：剋洩交集〕

- 論出身，年上正官虛浮，祖上清高；唯年月忌神匯聚、正官逢截腳貼剋而傷官見官、父母祖上宮丑未相沖，與祖上父母無緣之顯象。出處註明：〈**其母為小老婆**〉。
〔旁註：年上傷官，破敗祖業；月柱傷官，刑傷父母、父
　　　　母不和；常見與父母無緣、父母難以兩全〕
〔旁註：全局不見財印，無財則與父緣薄；
　　　　印星暗藏於月令中，與母亦是緣薄〕
〔獨白：先天母星暗藏於母宮，母親不受承認〕

戊辰、庚申、丙辰、己亥。……

傷官	命主	偏財	食神
乙亥	丙辰	庚申	戊辰
甲 壬 偏 七 印 殺	癸 乙 戊 正 正 食 官 印 神	戊 壬 庚 食 七 偏 神 殺 財	癸 乙 戊 正 正 食 官 印 神
[絕]	[冠帶]	[病]	[冠帶]
亡天亡元 神乙神辰	華蓋	文文 昌昌	華紅 蓋豔

63	53	43	33	23	13	3	（大運）陽男
劫財	比肩	正印	偏印	正官	七殺	正財	
丁卯	丙寅	乙丑	甲子	癸亥	壬戌	辛酉	
正印	偏印	傷官	正官	七殺	食神	正財	

〔私生子女命例〕

- 丙火生於偏財申月，身主無根無印，卻見滿盤剋洩耗，有棄命相從之機，以從財為格；財星為用神，食傷為喜，官殺為吉神。

- 年月俱是為喜，得享家世福蔭；月柱父母宮偏財通透，父親能力強、掌管家中大小事務。
  不見印星則與母緣薄，申金偏財左右皆逢食神相生，母星正印暗藏於年日，父親左擁右抱、命主雙母。
  書曰：〈父明母暗是偷生〉，命主母親是小老婆。

【劉貴按】

◎ 既是從財格，食神與財星俱是為喜；
   年月食神財星匯聚，自享父祖財路與食祿；
   唯印星暗藏，母暗則不受母親蔭護而緣薄。

丁卯、丁未、己巳、己巳。……

	偏印	偏印
比肩	命主	
乙	乙	丁	丁
巳	巳	午 未	卯
庚戊丙	庚戊丙	乙丁己	乙
傷劫正	傷劫正	七偏比	七
官財印	官財印	殺印肩	殺

[帝旺]　[帝旺]　[冠帶]　　[病]

血驛孤華血　孤驛華血　羊紅華血
刃馬辰蓋刃　辰馬蓋刃　刃豔蓋刃

　64　54　44　34　24　14　4
　傷　食　正　偏　七　正　正　（大運）陰男
　官　神　財　財　殺　印　印
　　　　　　　乙　丙
　庚　辛　壬　癸　甲　巳　午
　子　丑　寅　卯　辰　劫　偏
　偏　比　正　七　　　財　印
　財　肩　官　殺

緣薄顯象：比肩為格、財星不現、年月偏印兩透。

- 己土生於比肩未月，時透己土比肩，年月雙透丁火偏印通根日時巳火正印，本有從旺之機，卻因卯木貼剋月令未土比肩而不能專旺；只能以身強論，以剋洩耗為喜。
  最終只能有年支卯木七殺為命局用神。
  〔主象：殺來黨梟〕

- 七殺為用，卻見七殺有化印黨梟之勢，實是用神無力，可說是用神難取，甚至是用神無取，貧夭濁命。

- 年月偏印高透且通根，正印藏在日時地支伏吟，有雙母之徵，或謂生母遭排拒、他處尋蔭。
  印明無財，乃是母明父暗而偷生，實際上命主是其父背著正宮在外非婚生子，其母實際上就是不被接納的小老婆。

壬寅、壬子、丁酉、辛丑。……坤造。

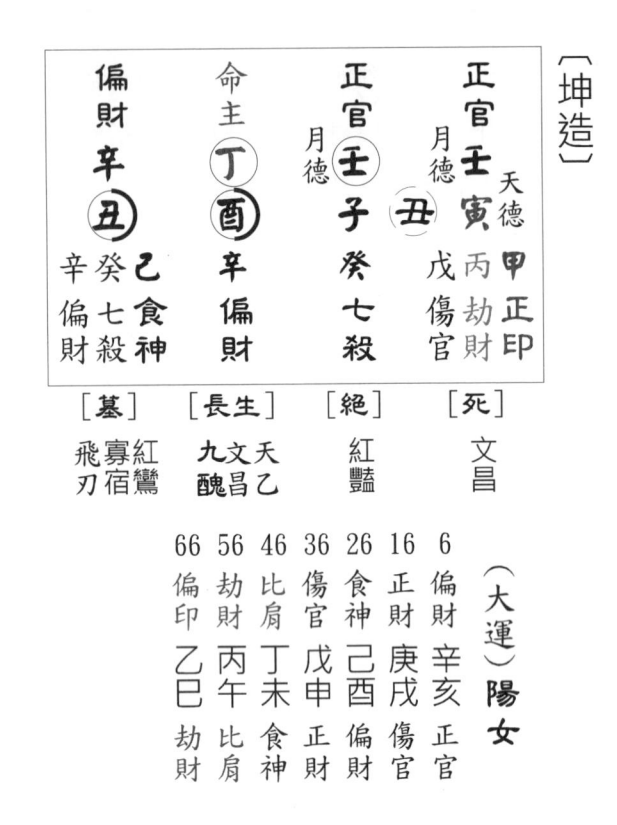

〔坤造〕

偏財 辛 丑	命主 丁 酉	正官 月德 壬 子	正官 月德 天德 壬 寅
辛 癸 偏 七 財 殺	辛 偏 財	癸 七 殺	甲 丙 戊 正 劫 傷 印 財 官
〔墓〕	〔長生〕	〔絕〕	〔死〕
飛 寡 紅 刃 宿 鸞	九 文 天 醜 昌 乙	紅 豔	文 昌

（大運）陽女

66	56	46	36	26	16	6
偏印	劫財	比肩	傷官	食神	偏財	偏財
乙巳	丙午	丁未	戊申	己酉	庚戌	辛亥
劫財	比肩	食神	正財	偏財	傷官	正官

緣薄顯象：年月正官兩現為忌、七殺攻身。

● 丁火生於七殺子月，身無明根，全憑年支寅木相生為用。

〔主象：財星黨殺〕

- 六親緣薄、骨肉分離，送人當養女。
〔旁註：年月忌神匯聚，尤其月柱官殺通透而攻身，父母無情、對我傷害〕
〔獨白：年月兩見正官，月柱父母宮、正官為組織，亦是幼少運經歷兩家庭之顯象〕

己卯、戊辰、壬子、乙巳。……私生子。

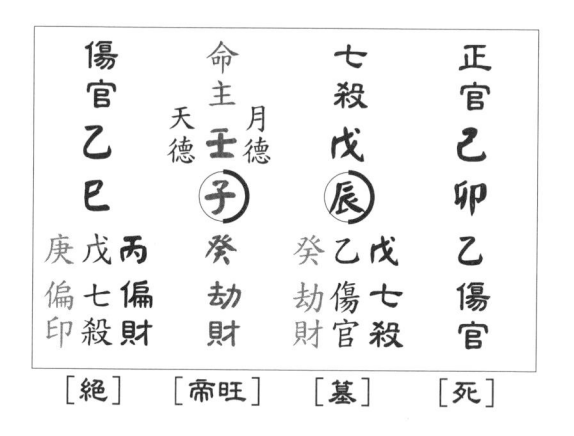

正官 乙卯	七殺 戊辰	命主 壬子 天德 月德	傷官 乙巳
乙 傷官	戊 七殺 乙 傷官 癸 劫財	癸 劫財	丙 偏財 戊 七殺 庚 偏印
[死]	[墓]	[帝旺]	[絕]

緣薄顯象：身弱用劫、印星暗藏，財星不透且不現年月。年月傷官見官、官殺混雜。

- 壬水生於七殺辰月，通根坐下子水陽刃；別無生扶，身主偏弱，應以比劫印星為喜；毫無選擇，只能以日支陽刃子

水為用神。
- 年透正官，祖上清高有貴名，唯坐下傷官，命主破祖上清名，不受歡迎；日坐劫財陽刃為用，必須獨立自主；更加月柱七殺通透，不能承續道統；命主人生應屬異路、乃破祖離家之客。尤其時干又透乙木傷官，七殺配上傷官，多是浪蕩江湖之客。
- 論父母星，財印不透，父母俱不為人知。巳火偏財偏處時支，不見正印，而偏印庚金暗藏於時支巳火之內，父明母暗，其母被其父金屋藏嬌。

〔獨白：正官才是正統，月柱父母宮七殺通透，亦說明在家中不是正統主流，乃是旁門支系。天干七殺配傷官，就不會被社會視為名門正派〕

【劉貴按】

◎ 命局不見印星，母不得力、與母無緣；明見財星、內藏印星，父明母暗；應該生父已經出面承認負責，命主帶回認宗；唯生母猶自徘徊在外、不得其門。

◎ 日坐劫財陽刃、別無生扶，更見年月傷官見官、官殺混雜，忌神群聚，命主雖能回歸世系，然而仍屬偏門庶出，也只能自立自強、自求多福。

[私生子女命例]

丁巳、壬子、癸丑、甲子。……坤造、棄嬰。

	傷官 甲子	命主 癸丑 月德	劫財 壬子	偏財 丁巳 天德	[坤造]
	癸 比肩	辛 偏印 / 癸 比肩 / 乙 七殺	癸 比肩	庚 正印 / 戊 正官 / 丙 正財	

　　　[臨官]　[冠帶]　[臨官]　　[胎]

緣薄顯象：建祿格而年月干支俱見財星逢剋，印星不明現而暗藏。

- 癸水生於建祿子月，時又見子水祿神，干透壬水劫財，身主停均偏旺之命，應以剋洩耗為喜。身強無印，以食傷洩秀為用，終取時干甲木傷官為用。
- 建祿格本主不能承續祖業，更見年月干支財星逢剋，確定剋父而與父祖無緣；全局不明見印星，卻見比劫身強，與母緣薄、與祖無緣、自立自強。

〔旁註：年柱財星亦是干支俱透、逢剋不盡，不論父死。
　　　印庚金暗藏於年支巳火正財，隨父而失〕

● 為私生棄嬰，由私娼收養並報出生。

〔旁註：日支丑土有雙子水爭合，且生於子月，丑土名為七殺，實是比劫；全局顯示身強無印、群劫爭財〕

〔獨白：年支見正印暗藏於正財巳火之內，其母應是生父所包養藏嬌〕

壬戌、辛亥、癸亥、丁巳。……坤造。

偏財	命主	偏印	劫財	〔坤造〕
丁巳	癸亥 ◀	辛亥	壬戌	
庚戊丙 正正正 印官財	甲壬 傷劫 官財	甲壬 傷劫 官財	丁辛戊 偏偏正 財印官	
〔胎〕	〔帝旺〕	〔帝旺〕	〔衰〕	

驛天天亡元　陰八大孤劫　血孤劫　寡
馬乙乙神辰　錯專敗辰煞　刃辰煞　宿

69	59	49	39	29	19	9	
傷官	食神	正財	偏財	七殺	正官	正印	〔大運〕陽女
甲辰	乙巳	丙午	丁未	戊申	己酉	庚戌	
正官	正財	偏財	七殺	正印	偏印	正官	

緣薄顯象：劫財格而通透，年月不現財星。

● 癸水生於帝旺劫財亥月，日支又是亥水劫財比旺，更見年透壬水劫財、月透辛金偏印，身強之造，應以剋洩耗為喜。
年支戌土正官遠隔、時支巳火正財逢沖，俱不能為用；最終只能以時干丁火偏財為命局用神。

● 論出身，年月忌神匯聚、正官遠隔，必與祖上情薄；
劫財為格而透年干，必是早年獨立、六親緣薄；
父宮月透偏印，父親無情、本人他處尋蔭。
出處註明：〈**出生後父母未結婚即分手，而後其母當了別人的小老婆，她就變成拖油瓶**〉
〔旁註：喜神聚於時柱，正財逢沖而群劫爭財，與生父無緣之顯象；
時干丁火偏財用神，乃是依附養父成長，然偏財丁火遙合年干壬水劫財，養父輸情於前面的兄弟姊妹〕

〔父母刑剋無緣命例〕

戊寅、丁巳、甲辰、丁卯。……

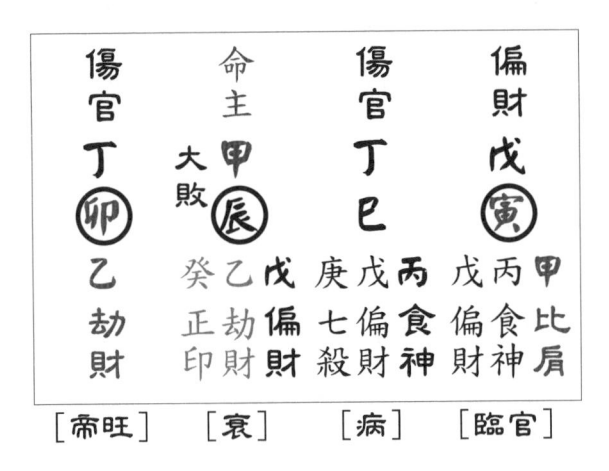

傷官 丁卯 乙 劫財	命主 甲辰 大敗 癸乙戊 正劫偏 印財財	傷官 丁巳 庚戊丙 七偏食 殺財神	偏財 戊寅 戊丙甲 偏食比 財神肩
[帝旺]	[衰]	[病]	[臨官]

緣薄顯象：地支三合而財星化劫、年柱財星截腳。

● 甲木生於食神巳月，地支見寅卯辰三會東方木，身主停均之造，應以月令巳火食神為用神。

全局成身強食傷洩秀有力、干透食神生財，富貴之造。

月令食神真神得用，生活優遊。

〔旁註：此造地支財星逢三會而化為劫局，年柱偏財虛浮，指出與父無緣；月干透傷官生年柱偏財，祖母影響大，既是為喜，則深受祖輩疼愛〕

〔獨白：回饋說此造是家中么孫，是祖父母金孫，也受眾伯愛護。命局不現正財，而現偏財為喜，正財論父、偏財論伯叔？〕

〔獨白：日柱大敗，多是不必為三餐奔波之人〕

● 年柱戊寅，偏財自坐比肩而截腳，與父緣薄、早年自立之象。

〔旁註：年支比肩逢合會，對戊土偏財只是暗剋，且第一柱大運戊土財星明現，9歲前不會剋父。

實際上早年父權不彰，叔伯掌權〕

● 第一柱大運戊午，13歲流年庚寅，六親情緣有破，必須自立求財。

〔旁註：大運戊午，午火傷官入命洩秀，乃是生活無虞而優遊，且是受到栽培之象。戊土偏財入命伏吟年干動犯甲木而偏財逢剋，六親情緣有傷之顯象〕

〔旁註：13歲流年庚寅，寅木入命伏吟年支，寅卯辰三會鬆動，寅木動生巳火而食傷洩秀，卯木脫出動剋日支辰土偏財，父星之根被除；

庚金七殺入命直剋甲木命主，七殺無根，反觸動命主甲木來剋年干戊土偏財。至此原局財星全滅，六親情緣有破〕

壬辰、癸丑、乙丑、庚辰。……坤造。

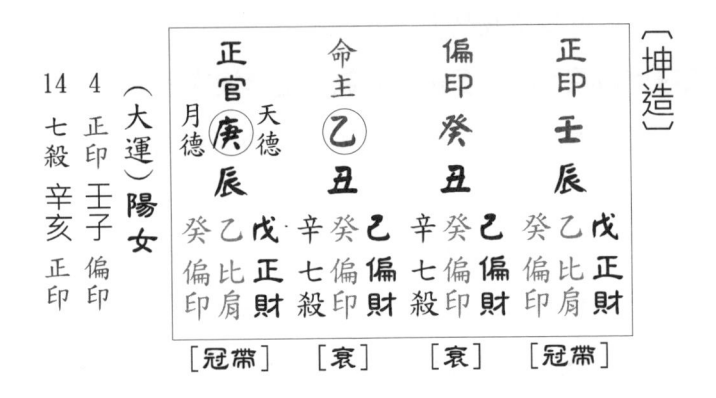

	〔坤造〕
14 七殺 辛亥 正印	4 正印 壬子 偏印	（大運）陽女	正官 月德 庚辰 癸乙戊 偏比正 印肩財 〔冠帶〕	命主 乙 丑 辛癸己 七偏偏 殺印財 〔衰〕	偏印 癸 丑 辛癸己 七偏偏 殺印財 〔衰〕	正印 天德 壬辰 癸乙戊 偏比正 印肩財 〔冠帶〕

緣薄顯象：印星虛浮截腳、財星壞印。

- 乙木生偏財丑月，不見明根，年月透正偏印而不能從；身弱以印比劫為喜，然年月壬癸俱逢截腳而不能取用，只能勉以時支辰中乙木比肩為用神。

- 綜觀全局，金寒水冷，毫無火氣。
  身弱而難任財官，地支卻盡是財星，顯見六親情緣之薄，財情反成身累。

- 爹不疼娘不愛，尤其對母親多所不滿，手足關係亦是淡薄而無靠。

〔旁註：年月兩柱印星坐財，**財星壞印**，不受親情關愛〕

〔旁註：月支母宮丑土財星為忌，星剋宮，且年月印星逢
截腳而虛浮，顯見**其母在家中亦無地位**〕

〔旁註：月柱兄弟宮財星壞印，干頭喜神虛浮逢剋、比劫
喜神不現，兄弟姊妹雖有情卻毫無助力〕

〔旁註：論前運，大運壬子，運支子水入命逢辰丑爭合，
爭合不合，變成辰丑財星俱來剋子水偏印；
運干壬水正印入命伏吟年干，有動犯坐下財星之
義，還是**財星壞印**〕

〔旁註：第二柱大運辛亥，運支亥水入命犯辰丑而遭剋；
運干辛金七殺入命生壬癸印星，印星虛浮，反有
動犯坐下財星之義〕

〔**獨白：前兩運干支俱是財星壞印，不受蔭護之顯象**〕

乙亥、乙酉、乙酉、乙酉。……忽必烈。

〔忽必烈〕

比肩 乙 亥 壬正印 甲劫財	比肩 乙 ㊐酉 辛七殺	命主 乙 ㊐酉 辛七殺	比肩 乙 ㊐酉 辛七殺
[死]	[絕]	[絕]	[絕]

（日支旁註：戌）

緣薄顯象：天干全是比肩、正印偏處年支。

- 乙木生於七殺酉月，天干三見乙木比肩，俱同通根於年支亥水印劫；身強之造，應以剋洩耗為喜，終取日支七殺為用神。

- 天干俱是比肩，必習於呼朋引伴，地支三酉，酉酉自刑，父母夫妻子息三個宮位俱是相刑，顯見其人六親刑傷之重，又見其人心性之堅忍。

〔獨白：天干全比、不見財星，根本就是與父緣薄；
　　　　主象雖是殺印相生，然印偏處年支，
　　　　與母亦是緣淺、若即若離〕

〔父母刑剋無緣命例〕

壬寅、丁未、丙子、壬辰。……坤造。

〔坤造〕

七殺 壬寅	劫財 丁未	命主 丙子	七殺 壬辰
甲偏印 丙比肩 戊食神	乙正印 丁劫財 己傷官	癸正官	戊食神 乙正印 癸正官
[長生]	[衰]	[胎]	[冠帶]

（大運）陽女

11 比肩 丙午 劫財

緣薄顯象：年月印耗福薄、七殺攻身。

● 丙火生於傷官未月，年月見丁壬合、坐下寅未俱是木旺之地，因此丁壬合而化木，身主轉強；
然而與剋洩耗相比，仍是偏弱，應以印比劫為喜用。
年支寅木偏印中為命局用神。

● 綜觀命局，不見財星，顯見六親緣薄。
年月地支偏印剋傷官，既有幼少奪食之義，印逢虛耗，亦是缺乏蔭護之義；

年月干透七殺攻身,顯見幼少自負家計艱苦。

● 第一柱大運丙午,比劫通透,宜於獨立自主。
命主自述:〈**人生運暗、少年父母無情**〉。
〔旁註:大運丙午,運支午火劫財入命,
逢寅未爭合,寅木偏印動而剋未土傷官;
午火沖日支子水,子辰脫合,
辰土食神動剋子水正官。
天干丙火比肩伏吟日主而動犯壬水七殺〕
〔**獨白:大運比劫通透幫身為喜,但反見剋洩交集,
印逢耗弱,反成離祖自立之象**〕

〔父母刑剋無緣命例〕

辛卯、辛丑、丁丑、辛丑。……坤造。

	偏財 辛 丑	命主 丁 丑	偏財 辛 丑	偏財 辛 卯	〔坤造〕
12 七殺 癸卯 偏印	辛 癸 乙 偏 七 食 財 殺 神	辛 癸 乙 偏 七 食 財 殺 神	辛 癸 乙 偏 七 食 財 殺 神	乙 偏 印	
2 正官 壬寅 正印					
（大運）陰女					
	〔墓〕	〔墓〕	〔墓〕	〔病〕	

緣薄顯象：偏財三透、年月忌神匯聚、財星壞印。

● 丁火生於食神丑月，日主毫無根氣，全憑印扶，身弱以比劫印星為喜，只能以年支卯木偏印為用神。

● 日主毫無根氣，全憑印扶，卻見財星壞印，顯象命主父母緣薄、幼少失蔭了。

● 出處註明：〈早失父愛，母親改嫁有婦之夫……〉

〔旁註：偏印虛浮無根為忌，年柱再見財星壞印，與父緣薄之現象。年月時俱辛金偏財而虛浮，命主情緣多見而難定，也是父多之象〕

〔旁註：前兩柱幼少之運，干頭俱**財星黨殺**而**官殺攻身**，必有**家庭親情變故**之痛；地支**偏印剋食**，**另尋食祿蔭護**之現象〕

丁未、庚戌、丁卯、甲辰。……坤造。

〔坤造〕

比肩 丁未	正財 庚戌	命主 丁卯	正印 甲辰
己食神	戊傷官 辛偏財 丁比肩	乙偏印	戊傷官 乙偏印 癸七殺
[冠帶]	[養]	[病]	[衰]

（大運）陰女
4 偏財 辛亥 正官

戌☗未（刑）

情緣顯象：年月忌神匯聚、比肩剋財，印星匯聚日時。

● 丁火生傷官戌月，雖年見丁火比肩，然坐下並無明根，時干甲木正印通根於日支卯木偏印，全靠印扶。綜觀全局，身主仍屬偏弱，應以印比劫為喜，日支卯木偏印是必然用神。

● 月干父宮正財父星逢年干比肩之剋，與父無緣；
年透比肩是早年獨立、早出社會的顯象。
年支未土食神是忌神，主早年食祿不足，
再見干頭比肩之生，即是自求食祿的現象。
印星為母，日時見印星通透貼身，與母親緣厚。
〔旁註：初運地支梟印局強而傷官旺動，
　　　　破出原來世系而隨母另尋庇蔭；
　　　　干透日主比肩剋財，確定與父絕緣〕

乙巳、丁亥、丁亥、丁未。……

	偏印	比肩	命主	比肩
	乙	丁	丁	丁
	巳 ◀▶	亥	亥	未 空
	丙戊庚	壬甲	壬甲	乙丁己
	劫傷正	正正	正正	偏比食
	財官財	官印	官印	印肩神
	[帝旺]	[胎]	[胎]	[冠帶]

（大運）陰男

9 劫財 丙戌 傷官

緣薄顯象：年月忌神匯聚、正官逢沖。

- 丁火生於正官亥月，日支亦是亥水正官，時支見未土食神，年見乙木偏印透干，月時兩干俱是比肩丁火，與日主共根於年支巳火劫財。

  身強之造，應以剋洩耗為喜；由於日時亥水官印相生，反助身旺，均不好取用，終以日支未土食神為用神。

- **局不見財星，與父緣薄或六親緣薄之象；更見干透比肩與偏印、地支劫財沖剋正官，必須遠離世系、他處求蔭。**

- 自幼喪父，母親改嫁，本身從繼父姓；
  與祖上父母無緣、早離家鄉、江湖混黑。

〔旁註：年支祖上宮為劫財，加上日月雙見亥水，尤其見巳亥則命帶三只驛馬，既相刑伏吟，又俱是沖剋祖上宮巳火，身心俱難安定於原鄉〕

丁亥、辛亥、己巳、丁卯。……坤造。

```
〔坤造〕
偏印 丁亥  食神 辛亥  命主 己巳  偏印 丁卯
     壬正財      壬正財      丙正印      乙七殺
     甲正官      甲正官      戊劫財
                            庚傷官
    〔胎〕      〔胎〕      〔帝旺〕    〔病〕

（大運）陰女
壬子 偏財
4 正財
```

緣薄顯象：忌神匯聚年月、財星壞印。

● 己土生於正財亥月，不見明根，且天干不見比劫，年時丁火偏印兩現，全憑印扶；身弱之造，應以比劫印星為喜。最終只能取日支巳火正印生身為用。

● 論出身，年月忌神匯聚、財星壞印，與祖上無緣；食神正財為忌，食祿不豐、與父無緣。

〔旁註：年柱祖上宮、財星壞印，難得祖上蔭護〕

〔旁註：年月干透偏印剋食神，食神虛浮，則有梟神奪食之義〕

〔旁註：日支巳火正印、時干偏印，顯見與母親緣深，唯日支逢年月雙亥水正財之沖、財佔母宮，母親蔭護亦是乏力，更見父親之無情〕

〔父母刑剋無緣命例〕

〔獨白：幼時曾遭父親毒打幾乎致死。年月雙亥水正財，有兩父之現象，父親懷疑其不是親生？〕

戊子、壬戌、庚子、壬午。……坤造。

食神	命主	食神	偏印	〔坤造〕
壬	庚	壬	戊	
午㊣空 ◀▶ 子	戌	子		
己丁	癸	丁辛戊	癸	
正正	傷	正劫偏	傷	
印官	官	官財印	官	
[沐浴]	[死]	[衰]	[死]	

緣薄顯象：年月偏印傷官匯聚，命局不見財星正印。

● 庚金生於偏印戌月，身無明根，全憑印生，身弱之造，應以比劫印星為喜。

　毫無選擇，月支戌土偏印是當然命局用神。

● 論六親，命局不現財星，與父親無緣；年月見偏印通透而無正印，則與母親亦是無緣，多依其他長輩或機構成長。

〔獨白：父母關係不佳多爭執，基本上由祖母照顧〕

戊辰、丁巳、庚寅、癸未。……

偏印 戊辰	正官 丁巳	命主 庚寅 月德	傷官 癸未
戊 偏印 乙 正財 癸 傷官	丙 七殺 戊 偏印 庚 比肩	甲 偏財 丙 七殺 戊 偏印	乙 正財 丁 正官 己 正印
［養］	［長生］	［絕］	［冠帶］

緣薄顯象：年月七殺攻身、殺來黨梟。

● 庚金生於七殺巳月，月透丁火正官；
日主無根，全憑年柱戊辰偏印及時支未土正印生扶；
到底身主偏弱，應以印比劫為喜用；
年柱雖見戊辰偏印通透而化月柱之官殺，但不貼生日主、事實上不能完全化殺，不是理想用神；
時支未土正印又有日支寅木貼剋，財星壞印，也不能為用；只能勉取月中庚金比肩身根為命局用神。

〔父母刑剋無緣命例〕 307

- 事實上,雖取用神,卻俱是不能著力,用神難取,乃是貧夭格局。

- 小時父親經常加暴,養成孤僻性格、常顯得剛愎叛逆。
成長後卻不曾出去工作。
平日生活自閉自儉,一碗泡麵可以苦撐一天,也不肯出去工作;其兄姐俱是正常而成熟,苦勸其母將其趕出去。
〔旁註:論六親,不見比劫而印強,印強則生比劫,
應有兄弟姊妹,然手足情薄〕
〔旁註:身弱月柱官殺攻身為忌,月柱是父母宮,尤其月干是父宮而貼剋,壓力是直接加身;
更見日支寅木偏財剋未印而生巳火七殺,
在在俱見父親加暴之顯象〕
〔旁註:論心性,殺旺攻身則心性懦弱,偏印通透而旺卻不能為用,則見解偏門詭異、自傲孤僻、憤世嫉俗、藐視世俗、離群索居,心性冷酷無情,且多暗疾隨身〕

戊申、甲寅、庚午、戊子。……坤造。

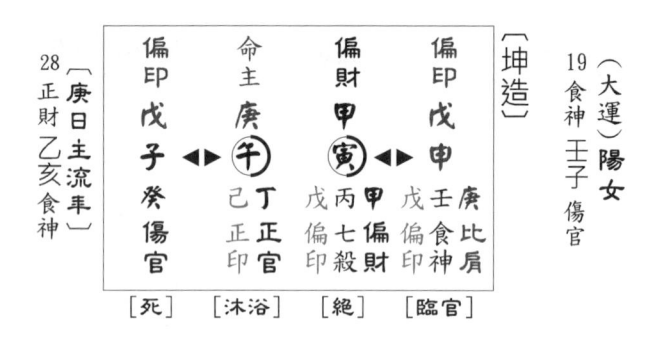

```
〔坤造〕
         偏印   命主   偏財   偏印
         戊     庚    甲     戊
         子 ◄► 午 ◄► 寅    申
         癸     丁己   丙戊甲  壬戊庚
         傷     正正   偏七偏  食偏比
         官     官印   印殺財  神印肩
        〔死〕 〔沐浴〕〔絕〕 〔臨官〕
```

19 （大運）陽女
食神 壬子 傷官

28〔庚日主流年〕
正財 乙亥 食神

緣薄顯象：日主剋財、年月財星壞印。

● 庚金生於偏財寅月，通根年支申金祿神，年時雙透戊土偏印，身弱之造，應以比劫印星為喜。

毫無疑問，年支申金身根為用神。

● 本命見財星壞印、比肩剋財，已是六親緣薄；
更見地支雙沖，親情間之傾軋，實是一生難安，令人浩嘆。

● 幼年，母隨人走，之後一直沒見過面，姊妹二人均由父親養大。

〔旁註：用神申金比肩在年，主早年有六親之剋，必須獨

〔父母刑剋無緣命例〕 309

立自主；年月寅申沖，祿神與偏財相沖，命主及父親與祖地無緣〕

〔旁註：月干甲木貼剋年干戊土，乃是財星壞印，因此與母親無緣；又見月柱甲寅，偏財通透、父佔母宮，是父代母職之顯象；日支為命主心理，來合月支財星，也說明命主心理上較貼近父親〕

● 大運壬子，28歲流年乙亥，接獲母喪消息，出面理喪。

〔旁註：流年乙亥，亥水入命與午火爭合寅木，造成午動而沖子，**傷官見官**；

寅動沖申，**比肩剋財**。

天干乙木遙剋戊土偏印，

確定**是財星壞印**，喪母顯象〕

丙午、庚寅、庚申、癸未。……坤造。

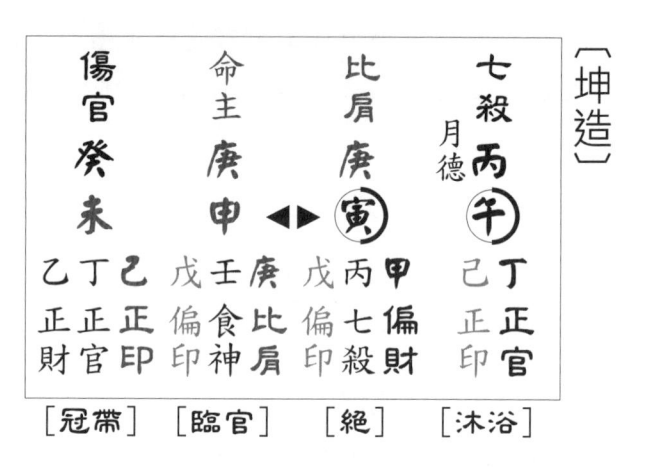

〔坤造〕	七殺 丙午 月德	比肩 庚寅	命主 庚申	傷官 癸未
	己 正印 丁 正官	甲 偏財 丙 七殺 戊 偏印	戊 偏印 壬 食神 庚 比肩	乙 正財 丁 正官 己 正印
	〔沐浴〕	〔絕〕	〔臨官〕	〔冠帶〕

（日支申與月支寅相沖）

緣薄顯象：月柱財星蓋頭逢剋、母宮逢沖。

- 庚金生於偏財寅月，日坐祿神透出月干，時支又見正印，身主不弱，唯與剋洩耗相比，則仍屬偏弱，應以日支申金身根為用神。

- 年柱官殺通透、官印相生，且月支偏財，祖上父母有貴，應是官家公務系統；唯年月財殺忌神匯聚，命主不享祖上之富貴。月透比肩蓋頭偏財，命主父母緣薄、少小獨立。

- 年柱殺透官藏主軍職，父親隨部隊來台；父親在大陸及台灣各有一次婚姻。

〔旁註：父母宮月干比肩，指出父親必須獨立，
　　　　並且有親情之傷痛；月支寅午合而財生官，
　　　　有早年成家之意象；但月日相沖而鬆脫，
　　　　母宮變動。月支母宮，本正印本位，
　　　　卻見偏財偏印佔位，與正母緣薄；
　　　　偏財逢比肩蓋頭、日支比肩沖剋，
　　　　則又顯象命主刑剋父親、少小獨立〕

戊戌、乙丑、庚戌、戊寅。……坤造。

偏印	命主	正財	偏印
戊寅	天德 庚戌 月德	乙丑	戊戌
戊丙甲 偏七偏 印殺財	丁辛戊 正劫偏 官財印	辛癸己 劫傷正 財官印	丁辛戊 正劫偏 官財印
〔絕〕	〔衰〕	〔墓〕	〔衰〕

緣薄顯象：日主剋財、年月梟印匯聚。

- 庚金生於正印丑月,地支更見雙戌土偏印,年時雙透戌土偏印,身強之造,應以剋洩耗為喜。
  以時支寅木偏財為用神。
  身無明根,全賴印生,印星既是恩星,
  卻又是忌神,又不宜過份刑剋。

- **月干乙木正財被日主合剋,年干戊印遭月干正財貼剋、月令丑正印土則受乙木蓋頭,上運前即有財星逢剋及財星剋印之事。**

- 與父親無緣、母親貧病交加。
  〔旁註:月干乙木正財被日主合剋,命主剋父了,
  　　　 而且前運六親情緣有損。年柱偏印通透,
  　　　 命主少小即必須另尋庇蔭。梟印雖強,
  　　　 卻見財星來耗弱,母弱之象〕

〔父母刑剋無緣命例〕

壬寅、癸卯、辛巳、丙申。……坤造。

	〔坤造〕		
正官 丙 申	命主 辛 巳	食神 癸 卯	傷官 壬 寅
戊壬庚 正傷劫 印官財	庚戊丙 劫正正 財印官	乙 偏 財	戊丙甲 正正正 印官財
〔帝旺〕	〔死〕	〔絕〕	〔胎〕

緣薄顯象：**忌神匯聚年月、傷官透年。**

● 辛金生偏財卯月，通根時支申金劫財，別無生扶，身弱之造，應以比劫印星為喜。時支申金劫財身根為命局用神。

● **身弱則難任剋洩耗，尤其年月傷官生財匯聚為忌，與祖上無緣**；尤其年支寅木正財來刑日支巳火，又沖用神時支申金劫財身根，**確定與父無緣。**

〔旁註：命局雖不明現印星，然日支巳火暗藏戊庚、正印相生劫財，又明來合剋日主身根申金，喜用匯聚於日時，命主與母親緊密結合；年月雙見正偏財為忌而遠隔，更且來沖日主身根，**父明卻是無情至此**〕

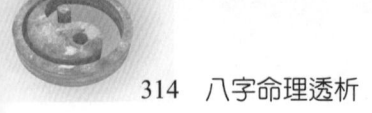

癸未、辛酉、壬寅、甲辰。……。

食神	命主	正印	劫財
甲辰	壬寅 天德	辛酉	癸未
	卯		申
癸劫財 乙傷官 戊七殺	戊七殺 丙偏財 甲食神	辛正印	乙傷官 丁正財 己正官
[墓]	[病]	[沐浴]	[養]

緣薄顯象：財星不現、年月劫印忌神匯聚。

- 壬水生於正印酉月，雖年見癸水劫財，卻是身無明根，再見月透辛金正印；因為印佔月令，反成身強之造，應以剋洩耗為喜。通常取用以地支優先，然日支寅木食神逢酉金正印貼剋，又奪食之義，終取時干甲木食神為命局用神。

- 命局不見財星，與父親無緣；尤其年柱見劫財，乃少小獨立之顯現。月柱正印通透，本是與母緣厚顯象，然而印旺為忌而梟神奪食，反顯正母無助無緣。

- 命主從小無父親，母親也沒住在一起，由祖母養育帶大。

〔旁註：日坐食神、透出時干，食神為祖母，
　　　　食神貼身立足，故與祖母緣深〕

癸酉、辛酉、癸巳、戊午。……坤造。

	正官	命主	偏印	比肩	〔坤造〕
	戊午	癸巳	辛酉	癸酉	
	己丁	庚戊丙	辛	辛	
	七偏	正正正	偏	偏	
	殺財	印官財	印	印	
	〔絕〕	〔胎〕	〔病〕	〔病〕	

緣薄顯象：年月比梟忌神匯聚。

- 癸水生於偏印酉月，年透癸水比肩，然俱無明根；唯年支再見酉金而月透辛金偏印通透，身主反強，應以剋洩耗為喜。時干戊土正官虛浮合日、不宜為用，日支巳火本是財星，然生於秋季、而且巳酉相合，巳實是金之長生，只能取時支午火偏財為命局用神。

- 論六親，與父親無緣，母親影響雖大，卻也疏離。

〔旁註：年月兩柱主前半生，偏印通透多見、不見財星，更見年透癸水比肩則暗剋父親財星；尤其日月巳酉合而財星化梟印而**財逢印耗**，父親根本不能稱職，故出身單親家庭〕

〔旁註：年月多見偏印、不現正印，命主多受族內旁系長輩之蔭護，母親反而不顯〕

戊子、辛酉、癸酉、甲寅。……

傷官	命主	偏印	正官
甲寅	癸酉	辛酉	戊子
戊丙甲	辛	辛	癸
正正傷	偏	偏	比
官財官	印	印	肩
[沐浴]	[病]	[病]	[臨官]

(天德在甲寅)

緣薄顯象：年月忌神匯聚、財星不現。

- 癸水生於偏印酉月，通根年支子水比肩祿神，更見日坐偏印、月透偏印，身強以剋洩耗為喜。年干戊土遠離日主且化於辛金偏印、不能為用，時支寅木傷官受到貼剋，只能取時干甲木為用神。

- 論出身，年透正官，祖上有貴名、本身是長子；然年月忌神匯聚、不見財星，年支比肩祿神，表示家道中落，無祖產可承襲。

- 年支比肩祿神、財星不現，與父緣薄，家嚴無聲。月日偏印忌神匯聚，正印母星反而不顯，顯示命主頗得家族眾長輩之庇護，母親雖是貼身，亦是感情不佳。

〔獨白：幼少父親因案坐監，眾親環顧圍繞，至14歲剛愎叛逆〕

論兄弟姊妹

〔兄弟姊妹總論〕

◎ 命理論兄弟，除了傳統上注重的〔**兄弟多寡**〕與〔**兄弟富貴貧賤**〕之外，就是兄弟之間的**情緣助力**。

◎ 兄弟姊妹，星辰看〔**比肩劫財**〕，宮位聚焦〔**月柱**〕；具體的論斷，仍要從星辰與宮位的吉凶下手。

〔旁註：月柱即兄弟宮，通常天干為兄姐、地支為弟妹；
　　　　論星辰，則**比肩為兄弟、劫財為姊妹**，
　　　　又說**比肩為兄姐、劫財為弟妹**；
　　　　然**干支比劫之論又不能偏執**〕

◎ 兄弟姊妹與命主同源而出，限運大略相同、共同成長；論情緣，彼此是相扶相助的關係。

◎ 孿生或多胞，自古即已存在，唯昔時醫學不發達，孿生多胞常致產婦血崩，生產費時，多見長幼異時。昔時命例雖見兄弟同辰之記錄，然人生發展不盡相同，先賢對此難以索解，遂謂〈*必有時辰之異*〉。孿生多胞在命局之顯象如何？尚未有完整之統計分析。劉賁收錄之命例亦是有限，實難以歸納出可信準則。只能概略列出，供各方賢達參考、集思廣益。

◎ 若是毫無兄弟姊妹情緣，則恐本身是獨生子女；或雖有兄

弟而夭折，或者本人與兄弟有人出嗣。
◎ 實務上，天干是命主的社會關係運作，外顯而易見；地支是命主心理，又論家族內部事務，外人不易知。兄弟姊妹與命主情緣之助力，可以從地支來看；若是兄弟的多寡助力與能力成就，通常顯現在天干。
〔旁註：事實上喜忌仍是太極點，應該干支並論；
　　　　論兄弟姊妹，又應聚焦年月兩柱〕
◎ 論兄弟姊妹的情感情緣，有幾個方向項目：身體與生活是否貼近？感情之好壞？兄弟姊妹的品質能力？對命主是有助或拖累？
〔旁註：兄弟姊妹的實務關係，有雖遠隔而關懷相助；
　　　　有遠隔而感情淡薄，談不上喜忌善惡；
　　　　有生活貼近、感情彌篤，一路相扶相助；
　　　　更有貼近而相爭、相刑而互懟〕
◎ 命局中比劫星愈是貼近日主，關係愈是密切，對命主的影響力也越大；直觀來說，住居比較接近，也比較有往來。具體來說，〔**月干、日支、時干**〕與日主相貼同柱，最為親密；月支是命主先天屬性，不可分割，影響日主亦深。
〔旁註：情緣的好壞、影響力的吉凶，還是要看比劫星的
　　　　喜忌〕

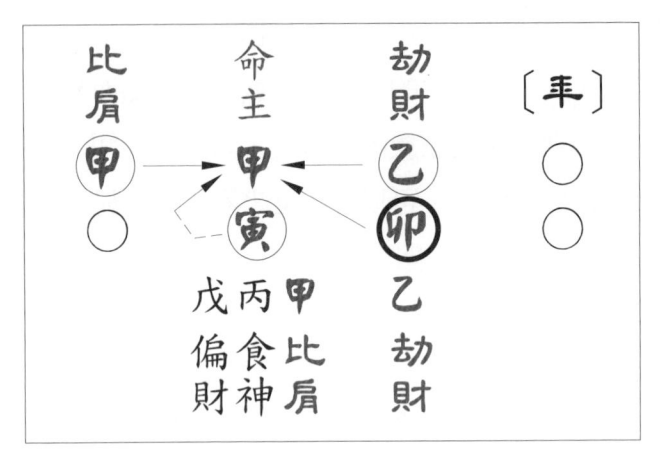

```
比肩        命主        劫財       〔年〕
 甲          甲         乙         ○
 ○          寅         卯         ○
            戊丙甲      乙
            偏食比      劫
            財神肩      財
```

◎ 比劫若是喜用，則兄弟姊妹多情份，會有相幫之心；但若是忌神，則恐兄弟交惡而相尅。

〔旁註：通常身弱則比劫為喜用，若是貼近則相幫相惜；是否幫扶有力，仍要看比劫是否通透有力；比劫喜用而通透，來自兄弟的助力方大〕

〔旁註：比劫多見為忌，必然爭財；財星主財務與情緣，既是尅財則兄弟多爭產而不睦，甚至無情〕

〔獨白：若是身印與尅洩耗大致停均，俱是身主能任，戰尅不會過鉅；只要行運不造成命局遽變，不論喜忌，兄弟之感情與助力不會差〕

◎ 命局不現比劫星，手足無緣，多見淡泊。

〔旁註：比劫星不明現，則無明顯之沖尅，

反而不致於鬩牆或大不睦〕

◎ 比劫逢空亡，不論位置或喜忌，都代表兄弟姊妹緣薄，或有早別離之預示。

〔旁註：尤其月柱空亡，必是兄弟緣薄〕

〔獨白：比劫坐死墓絕空，兄弟有損傷或夭折〕

◎ 月日相生，多見兄弟和睦，生出者付出為多。

〔旁註：日柱是本身、月柱是兄弟宮〕

〔旁註：例如甲木日主見壬申月柱，頗受兄長疼愛〕

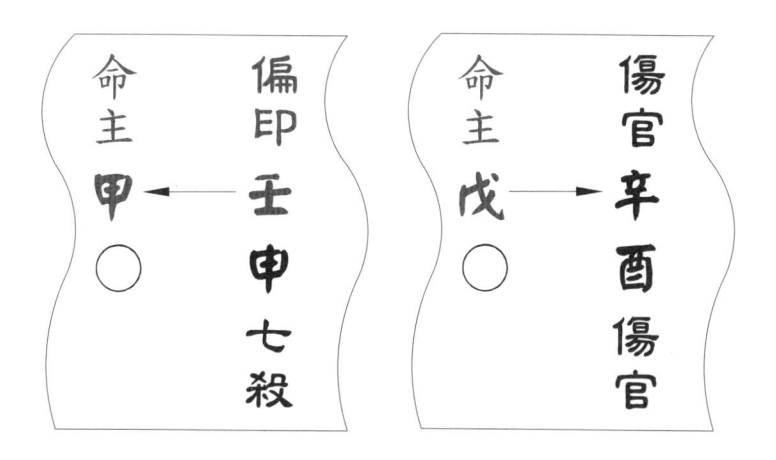

```
命        偏              命        傷
主        印              主        官
甲   ←   壬              戊   →   辛
         申                        酉
○        七              ○        傷
         殺                        官
```

◎ 命局若見比劫與官殺相戰，則難為兄弟，多見不和；現於年月，尤其明顯。

兄弟姊妹之能力與品質。……

● 兄弟姊妹的〔**能力與品質**〕，直觀比劫是否透藏有力；
比劫星若在年月干支通透，則兄弟姊妹的能力佳；
天干比劫自坐祿旺，兄弟姊妹的能力強勢、超越命主，
也比命主有成就，換句話說，比較富貴，尤其月柱兄弟宮
比劫通透為然。

〔旁註：比劫自坐通透，力道強足以追求財官〕

〔旁註：比劫即使不是通透，然自坐長生或有印星貼生，
　　　　兄弟的能力與成就也不差〕

● 比劫為喜用而有力，宜兄弟合夥做事業，容易有成。
● 命局見祿刃，再見剋洩耗併旺，則身主停均；
命主本身富貴，兄弟也不差。

〔旁註：身強則能任洩、任財官〕

● 若是年月天干見比劫而虛浮，則兄弟能力不佳。

〔旁註：天干主外在表現，比劫坐下虛浮則無力，則兄
　　　　弟姊妹的能力有限、表現難佳；
　　　　比劫為喜用，以其自顧不暇，對我助力不大；
　　　　反之，比劫若是忌神，對我之剋害也不大。
　　　　總言比劫無力則多自掃門前雪、感情淡泊〕

- 若比劫逢合，則兄弟姊妹有人外緣佳；
  外緣之吉凶，要綜合全局來看，不可一概論為不正。
- 比劫坐長生，兄弟姐妹身健壽高。
  〔旁註：比劫兄弟坐下長生，氣息悠遠而不窮〕

兄弟姊妹助力之有無。……

- 兄弟宮為喜，並能剋忌助喜，則兄弟有助。
  〔旁註：例如比劫為忌神，但兄弟宮為官殺喜用，
  　　　　官殺有力並剋忌神比劫，兄弟有情而有助〕
- 月透比劫為喜用且有力，主能得到兄弟姐妹的助力。
  〔旁註：尤其是身財並旺、官印通根，
  　　　　同胞感情融洽、一生常得兄弟姊妹助力〕
- 身弱而財官強為忌，若見比劫陽刃幫身，兄弟有助日主之功，論兄弟為美。
- 若是身弱，以比劫為用，則忌逢官殺近剋比劫；
  尤其劫財忌正官正剋，兄弟姊妹必無助力。
  〔旁註：官殺太旺，兄弟容易有傷殘。
  　　　　日主正官即是劫財之七殺〕
- 殺旺食輕、印弱逢財，得比肩敵殺，必得兄力。
  殺旺無食，殺重無印，得劫財合殺，必得弟力。

〔旁註：比肩為兄、劫財為弟〕
- 月支比劫祿刃為格，他柱又多比劫，比劫必是忌神；
  若無官殺剋制，必見兄弟爭財，爭鬥不睦。
〔旁註：比劫祿刃為忌神，同胞之間，感情多不洽，
      且常遭兄弟之拖累為害」
- 比劫坐長生庫旺，卻逢刑沖破害，兄弟仇敵及不得力。
- 比劫為喜卻是不現，則手足無助，反朋友多助。
- 官殺為格，多主損傷兄弟或鬩牆；
  若更四柱無比劫而印旺，則主兄弟不得力。
- 月透官殺為忌神且強旺，兄弟姐妹無助力、緣份薄。
- 官殺通透為忌神，見比劫坐官殺，主兄弟不得力。
- 官殺弱而食傷強，見比劫生助食傷則制殺太過，
  多受兄弟之累。

〔命局顯象斷兄弟姊妹〕

◎ 身弱而以比劫為用，多見官殺剋比劫則兄弟有難。
〔旁註：比劫若在地支為身根，多見命主疾病災難。
　　　　天干明見官殺貼剋比肩，多顯現在兄弟〕
〔旁註：官殺旺剋比劫，多見兄弟有損；
　　　　尤其月柱比劫逢年柱七殺之剋〕

◎ 月柱見官印喜用有力，兄弟姊妹多貴氣名望；
　月柱若見財食為喜，旺而無破，兄弟姐妹富足。

◎ 月上傷官，無兄弟或有損兄弟。
〔旁註：兄弟有損，指兄弟中有人夭折或出嗣〕

◎ 比劫星若是死絕無氣或空亡或遭刑沖剋害，不論喜忌，俱是兄弟有夭折或生離死別的情形；若在年月，尤其明顯。
〔旁註：年柱或月柱，見比肩自坐絕胎之位，
　　　　則兄弟星無氣，坐下逢刑沖則無緣〕
〔旁註：年月兩柱為命造前半生，與兄弟相處的時期，
　　　　尤其月柱又是兄弟宮，比年柱的顯象更明顯〕

◎ 天干及地支藏干比劫少，印星無力或無印星，再多見剋洩耗，同胞少或同胞多而出養過繼他人。

◎ 官殺在年、食傷在月，月剋年，主兄弟不睦。
〔旁註：年上官星是家族中之倫理，為兄弟所破〕

◎ 月干七殺、他處再見七殺，兄弟中有人夭折。
〔旁註：月柱為兄弟宮，干透七殺是比劫剋星，
　　　　兄弟情緣有損，七殺透干則刑剋眾人皆知〕
◎ 比肩入庫而逢沖，可斷同胞中有人流落在別人家中。
〔旁註：地支主家族內部，兄弟庫藏則兄弟倚身保護網，
　　　　逢沖則出庫而散〕

比劫為忌神。……

● 命局比劫祿刃多，且為忌神者，兄弟無情，或因兄弟而受累。若比劫又逢生扶，更恐反目成仇。
〔旁註：比劫為忌，必見財分奪〕
● 比劫坐祿刃而強為忌神，命局財官又太弱，兄弟能力強，卻對我有有攘奪之義。
〔旁註：比劫若坐陽刃為忌，又不見官星來制，
　　　　意謂兄弟帶刀刑傷，兄弟感情難佳，且無助力〕

比劫坐下神煞斷。……

● 比劫坐下天乙貴人，兄弟姐妹多屬富貴。
〔旁註：天乙代表外緣佳、多人簇擁，多是富貴顯象〕
● 比劫坐驛馬，兄弟姐妹遠行多瀟灑。
● 命帶華蓋，或見比劫坐孤辰寡宿、喪門吊客……之類，俱是孤獨之星辰，多無兄弟，即有亦見刑傷。

〔論兄弟有無與多寡〕

◎ 要看兄弟多少，必須看四柱比劫星多寡；
即使比劫星得月令之氣，還須參看行運。
◎ 比劫得時得令，或比劫得印星相生，則兄弟必多。
◎ 命局中比劫有兩個以上，同胞手足多。
〔旁註：比劫即是兄弟姊妹，若有印星生助，人數更多〕
◎ 比劫祿刃為格，或印旺月提，俱是表示手足多。
〔旁註：比劫祿刃為格，比劫必旺；
　　　　月建是印星，母臨正位而旺，母健之象；
　　　　母健則能多生〕
◎ 命局不明見比劫，卻見印星在年月暗生比劫，
也不會沒有兄弟姊妹。
〔旁註：比劫有印星貼生或同柱，則兄弟源頭有氣〕

無兄弟姊妹之顯象。……無兄弟，有亦離散。

● 比劫重疊強而身旺、財官太弱，多無兄弟而獨自持家。
〔旁註：比劫太旺，財官無氣，兄弟反少，縱有不如無〕
〔旁註：財為情緣、官為家庭組織。比劫太旺則剋財、六
　　　　親兄弟緣薄；比劫強而無官殺之制，則厝內無須

溝通、一切獨斷〕
- 天干現比劫而月令死氣,地支又不見印比,多無兄弟。

〔旁註:地支無印比,則命主比劫虛浮無根〕

- 身弱,本以比劫為喜,然命局比劫不明見,又見支中比劫刑沖而失,必無兄弟。
- 日月兩柱干同而支沖,為無兄弟之命造組織。

〔旁註:日柱是命主本身根氣、月柱為兄弟宮,日月干同則是比肩;日主與比肩坐下相沖,則兄弟與本人俱是無手足情緣〕

- 身主有根,卻見比劫逢官殺剋制太過,反易成為獨子。

〔旁註:身主有祿刃之根,宜於獨立;
比劫多見則有兄弟姊妹,剋之太過則不存〕

- 月令是七殺,全局身弱殺旺,多是獨子;若印多或有比劫合殺,就不能做此論。

〔旁註:殺旺能剋比劫,多見兄弟有損傷〕

- 命主生於氣絕受剋之年月,年月之氣又直透天干,多無兄弟、有亦離散,現月柱最顯。

〔旁註:木絕於秋金、火絕於冬水、金絕於春季、水絕於夏土,土則亦絕於春木剋月〕

〔旁註:絕氣多屬七殺,乃是兄弟比肩之剋神,透干則該

柱七殺自坐祿旺而通透、比劫星難存〕

● 命主生於氣絕受剋之年月,年月之上又見日主同字,多無兄弟、有亦離散,現月柱最顯。

〔旁註:絕氣多屬七殺,乃是兄弟比肩之剋神,
　　　　比劫自坐氣絕剋位,虛浮無力而難存〕

● 命主自坐絕位,又生於氣絕受剋之年月,多無兄弟、有亦離散。

〔旁註:日柱甲申、乙酉、丙子、丁亥、戊寅、己卯、
　　　　庚寅、辛卯、癸未,命主坐絕剋之氣,
　　　　更見日月地支同字伏吟、月氣不通,
　　　　確定命主與兄弟比劫截腳虛浮〕

〔無兄弟顯象〕

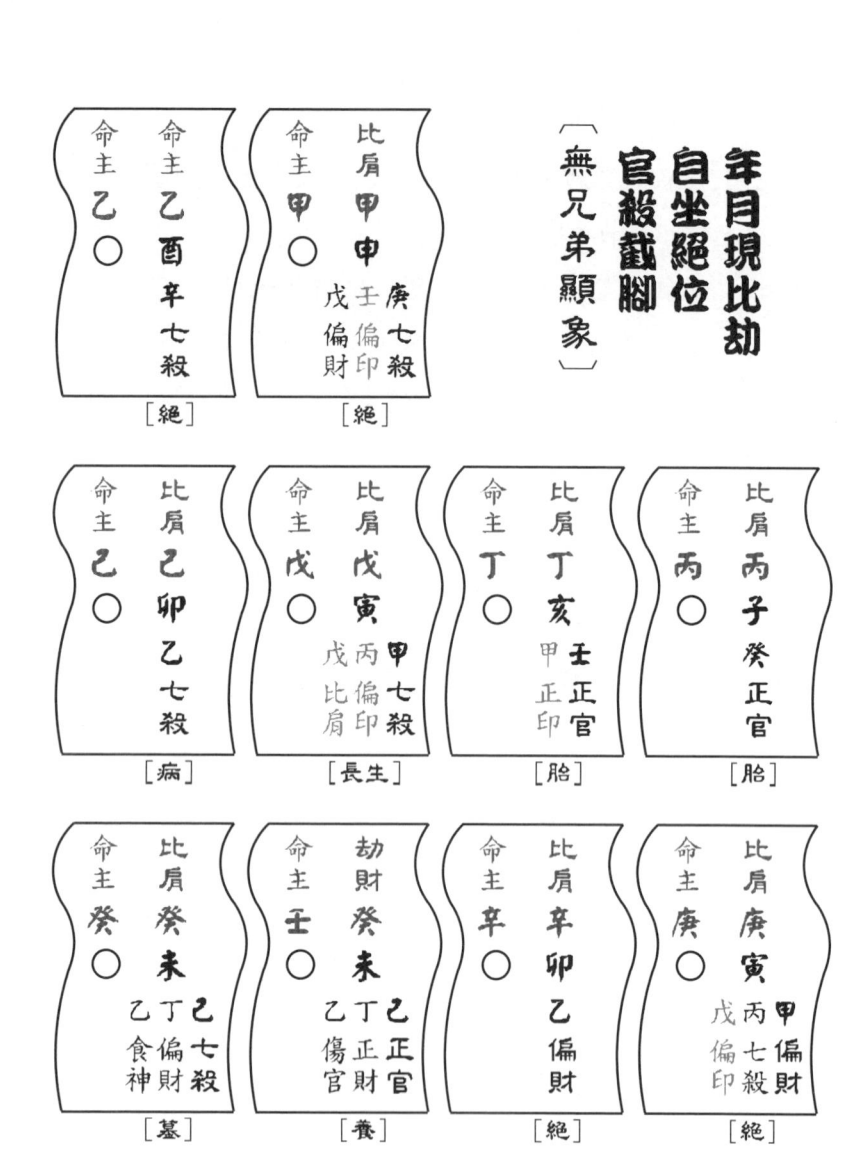

年月現比劫
自坐絕位
官殺截腳

比肩 甲 申 庚七殺 壬偏印 戊偏財	命主 甲 ○
比肩 乙 酉 辛七殺	命主 乙 ○

[絕]　　[絕]

比肩 丙 子 癸正官	命主 丙 ○
比肩 丁 亥 壬正官 甲正印	命主 丁 ○
比肩 戊 寅 甲七殺 丙偏印 戊比肩	命主 戊 ○
比肩 乙 卯 乙七殺	命主 乙 ○

[胎]　　[胎]　　[長生]　　[病]

比肩 庚 寅 甲偏財 丙七殺 戊偏印	命主 庚 ○
比肩 辛 卯 乙偏財	命主 辛 ○
劫財 癸 未 乙傷官 丁正財 己正官	命主 壬 ○
比肩 癸 未 乙食神 丁偏財 己七殺	命主 癸 ○

[絕]　　[絕]　　[養]　　[墓]

年月現 七殺自坐祿旺
〔無兄弟顯象〕

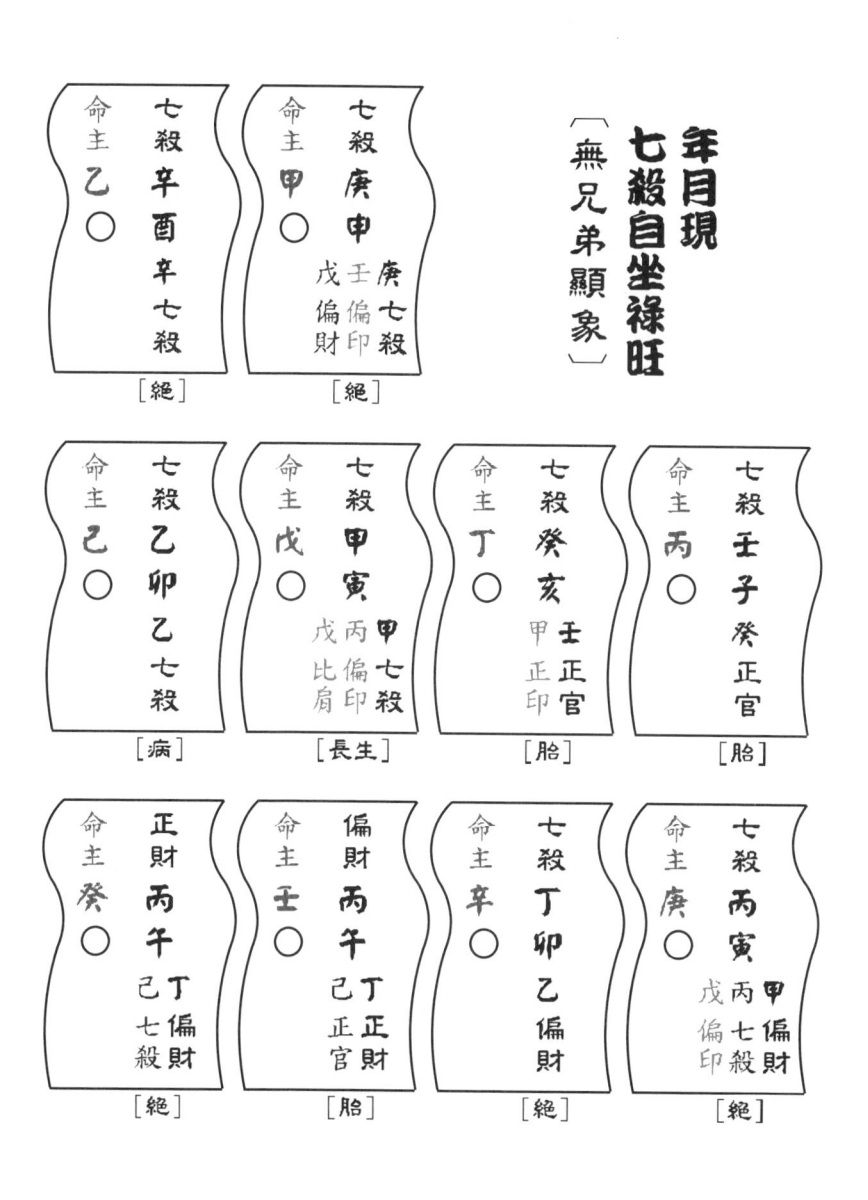

七殺 庚申 庚 七殺 / 壬 偏印 / 戊 偏財
命主 甲 ○
[絕]

七殺 辛酉 辛 七殺
命主 乙 ○
[絕]

七殺 壬子 癸 正官
命主 丙 ○
[胎]

七殺 癸亥 壬 正官 / 甲 正印
命主 丁 ○
[胎]

七殺 甲寅 甲 七殺 / 丙 偏印 / 戊 比肩
命主 戊 ○
[長生]

七殺 乙卯 乙 七殺
命主 己 ○
[病]

七殺 丙寅 丙 偏財 / 甲 偏印
命主 庚 ○
[絕]

七殺 丁卯 乙 偏財
命主 辛 ○
[絕]

偏財 丙午 丁 正財 / 己 正官
命主 壬 ○
[胎]

正財 丙午 丁 偏財 / 己 七殺
命主 癸 ○
[絕]

日主坐絕生於絕月〔無兄弟顯象〕

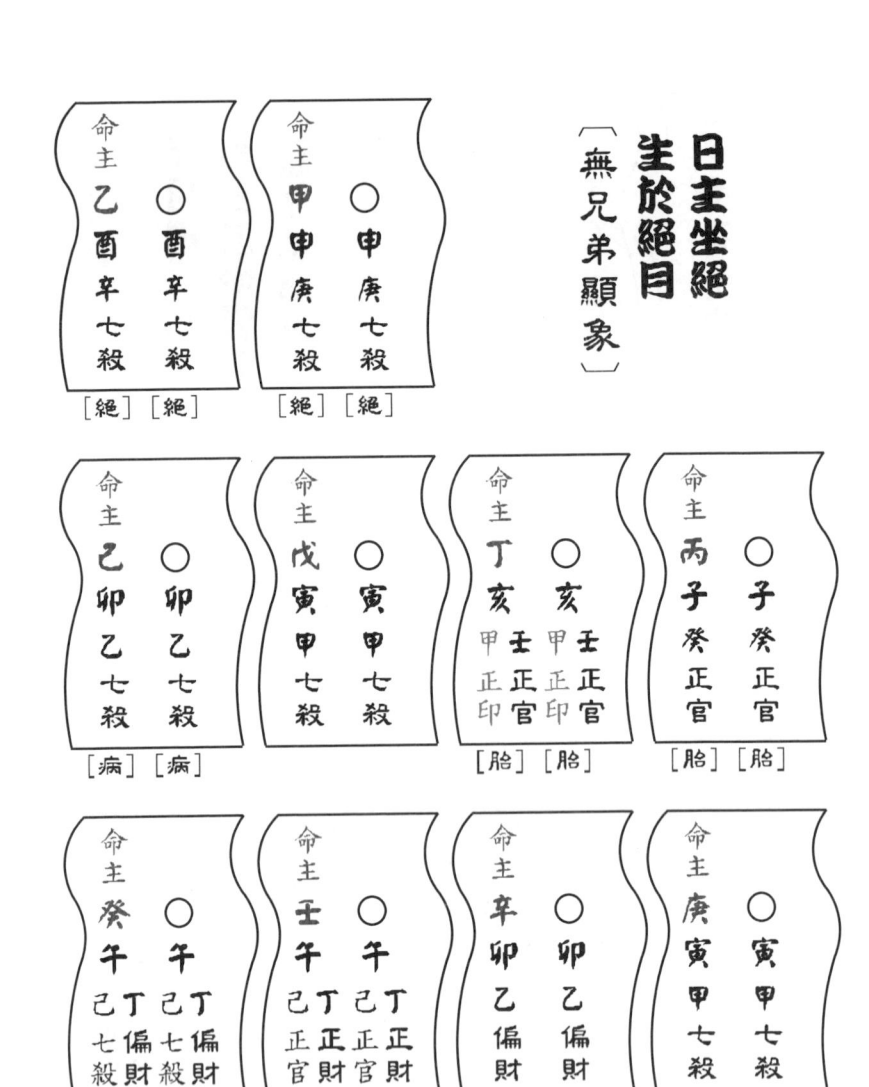

命主 乙酉 辛 七殺	○ 酉 辛 七殺	命主 甲申 庚 七殺	○ 申 庚 七殺
[絕]	[絕]	[絕]	[絕]

命主 乙卯 乙 七殺	○ 卯 乙 七殺	命主 戊寅 甲 七殺	○ 寅 甲 七殺	命主 丁亥 壬 正官	○ 亥 壬 正官	命主 丙子 癸 正官	○ 子 癸 正官
[病]	[病]			[胎]	[胎]	[胎]	[胎]

命主 癸午 己丁 七殺偏財	○ 午 己丁 七殺偏財	命主 壬午 己丁 正官正財	○ 午 己丁 正官正財	命主 辛卯 乙 偏財	○ 卯 乙 偏財	命主 庚寅 甲 七殺	○ 寅 甲 七殺
[絕]	[絕]	[胎]	[胎]	[絕]	[絕]		

〔兄弟姊妹數量之斷〕
【劉賁按】

◎ 過去農業社會，兄弟數即是勞動力，兄弟多旺亦是家族興旺之象徵，因此論命之時亦重兄弟之論。
然八字命理，以命主為太極，〔根苗花果〕是主軸，兄弟分支並非主幹；且以有限之八字斷兄弟姊妹，事實上難以淋漓盡致。偏偏頗多術者為凸顯自己，自謂掌握秘訣或多方研究，斷兄弟數量神准；以下〔命局現比劫斷數量〕之說法即是其一。

◎ 斷兄弟數量，實際上僅是偏執的想法，從若干〔前賢〕發表之論法，實是一廂情願，以有限命例即想建立準訣，實是貽笑大方。

◎ 時代環境變遷，更有一胎化之荒謬政治現實，務實論命不宜直斷兄弟姊妹數量。總以概斷斷兄弟姊妹多寡即可。

◎ 以下論法，流傳於術界，參考與否，自己評斷。

命局現比劫斷數量。……僅供參考。

● 男命，年月柱的比肩論兄，日支及時柱的比肩論弟；

劫財論為姊妹。**以比肩數之多少加上自己為兄弟數。**
- 女命,年月柱的比肩論姐,日支及時柱的比肩論妹;劫財論為兄弟。**以比肩數之多少加上自己為姊妹數。**
- 例如:〔甲午、甲戌、甲寅、丁卯〕命造,三比肩論四兄弟,一劫財則是一姐或一妹。總論〔二兄一弟一姐〕,加上本身共五個兄弟姊妹。

傷官	命主	比肩	比肩
丁卯	甲寅	甲戌	甲午
乙 劫財	戊 偏財 丙 食神 甲 比肩	丁 傷官 辛 正官 戊 偏財	己 正財 丁 傷官

[論兄弟姊妹的命例]

辛卯、甲午、甲午、○○。……

正官 辛卯 乙 劫財	比肩 甲午 丁己 傷正 官財	命主 甲午 丁己 傷正 官財
[帝旺]	[死]	[死]

兄弟顯象：身弱以比劫為喜用，且月透比肩相扶，兄弟感情論佳。唯身主到底偏弱，較難任財官，成就有限，兄弟差不多。月干比肩比較靠近用神之卯木，兄弟之成就比命主好。

● 甲木生於傷官午月，月透甲木比肩，俱來通根年支卯木帝旺陽刃，唯時柱財星又透，到底身弱，應以比劫印星為喜，終取年支身根為命局用神。

丙午、戊戌、乙卯、丁丑。……。

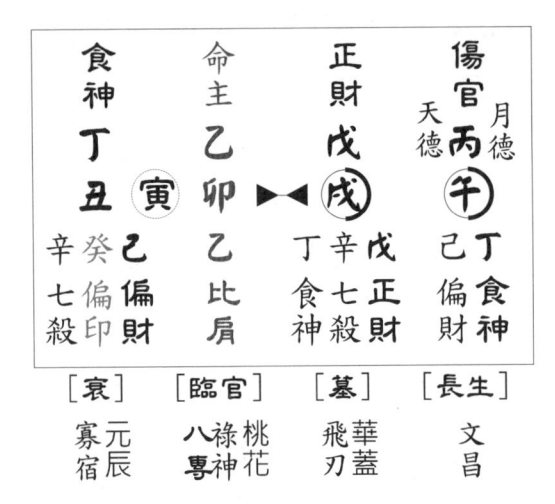

傷官	正財	命主	食神
天德 丙 月德	戊	乙	丁
午	戌	卯	丑
己 丁 偏 食 財 神	戊 辛 丁 食 七 正 神 殺 財	乙 比 肩	癸 辛 乙 偏 七 偏 印 殺 財
[長生]	[墓]	[臨官]	[衰]
文 昌	飛 華 刃 蓋	八 祿 桃 專 神 花	寡 元 宿 辰

兄弟顯象：身弱不能任財官，又無比劫生扶；兄弟宮財星通透為忌。

- 乙木生於正財戌月，別無生扶，身弱之造，應以比劫印星為喜，日支卯木比肩祿神為命局用神。

- 身弱，食傷生財為忌，生平必受困於財務親情；最忌者，年月忌神匯聚，月柱戊戌正財通透，月柱是父母兄弟宮，必受父母或兄弟之財務拖累。

丁亥、壬寅、丙子、丁酉。……

劫財	命主	七殺	劫財
丁	丙	壬	丁
酉	子	丑寅	亥
辛正財	癸正官	戊食神 丙比肩 甲偏印	甲偏印 壬七殺
[死]	[胎]	[長生]	[絕]

兄弟顯象：年月合化而劫印特旺，兄弟有七人之眾。

〔旁註：以命局直論喜忌，喜神只現於日時，力量懸殊，當論兄弟參商；事實上年月之合逢歲運易脫，實際人生多見**身殺兩停**，兄弟反見友悌〕

● 丙火生長生偏印寅月，年時俱透丁火劫財，身主已強；年月更見天地德合，丁壬寅亥之合俱是化木為梟印，身強之造，應以剋洩耗為喜。取時支酉金為命局用神。

癸巳、戊午、丙午、庚寅。……

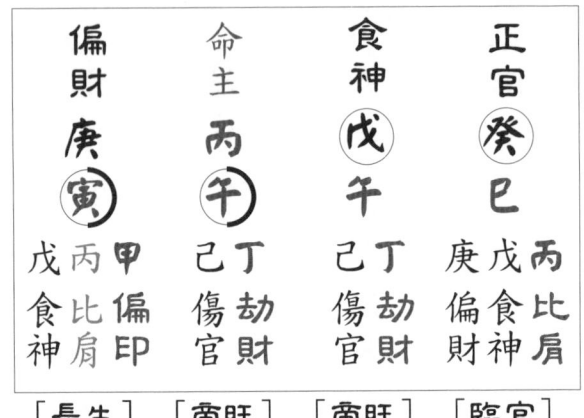

偏財	命主	食神	正官
庚寅	丙午	戊午	癸巳
戊食神 丙比肩 甲偏印	己傷官 丁劫財	己傷官 丁劫財	庚偏財 戊食神 丙比肩
[長生]	[帝旺]	[帝旺]	[臨官]

兄弟顯象：比劫為忌、群劫爭財，兄弟無情、互相連累。

● 丙火生於劫財陽刃午月，年日再見巳午比劫祿刃、時支又是寅木長生偏印；年月戊癸合而化火論劫，地支全是比印，身主旺極。身強之造，以剋洩耗為喜。然本造年月戊癸已化、不能為用，只能勉取時干庚金偏財為命局用神。

● 身主比劫過旺，時干庚金財星逢眾劫爭奪，兄弟雖多，然多爭執不肖。

◎《闡微》原註：此造羊刃當權，又逢生旺，更可嫌者，戊癸合而化火，財為眾劫所奪，兄弟六人，皆不成器，遭累不堪。

乙巳、丙戌、戊子、乙卯。……

正官	命主	偏印	正官
乙卯	戊子	丙戌	乙巳
乙 正官	癸 正財	丁辛戊 正傷比 印官肩	庚戊丙 食比偏 神肩印
[沐浴]	[胎]	[墓]	[臨官]

兄弟顯象：身殺兩停，且年月官印相生、月日順生，兄弟感情甚洽，社會上皆有地位。

- 戊土生於比肩戌月更見年支月干偏印通透，身主停均；由於佔月令，身強之造，應以剋洩耗為喜。由於見印，方始身強，故取財星破印為用，終取日支子水正財為命局用神。

- 身主停均，日時財官相生，全局顯象〔**身殺兩停**〕。

辛卯、辛卯、戊辰、庚申。……。

食神	命主	傷官	傷官
庚申 天德	戊辰	辛卯	辛卯
戊 壬 庚 比肩 偏財 食神	癸 乙 戊 正財 正官 比肩	乙 正官	乙 正官
〔病〕	〔冠帶〕	〔沐浴〕	〔沐浴〕

兄弟顯象：日主自坐比肩，比劫為喜，手足情深。
　　　　　然命局比肩過弱，情深亦是不得力。

● 戊土生於正官卯月，通根坐下辰土比肩，別無生扶，身弱之造，應以印比為喜。唯命局中食傷與官星兩旺無財星，有剋洩交集之勢。無印星以制食殺，只能靠比肩之力以抗殺任洩為用，終取日支辰土比肩為用神。

〔**主象：剋洩交集**〕

戊辰、辛酉、己丑、乙亥。……

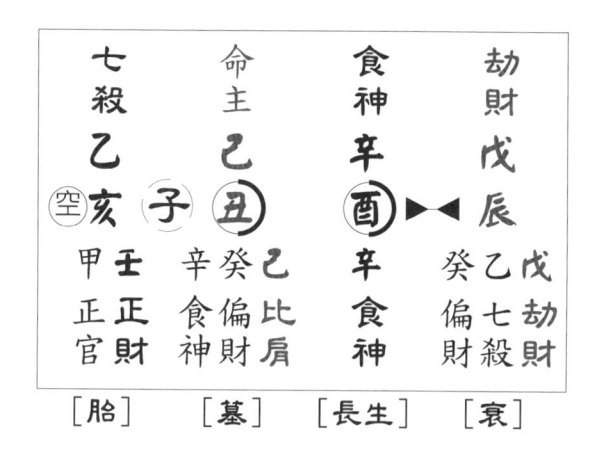

七殺 乙 亥空	命主 己 子丑	食神 辛 酉	劫財 戊 辰
甲壬 正正 官財	辛癸乙 食偏比 神財肩	辛 食 神	癸乙戊 偏七劫 財殺財
[胎]	[墓]	[長生]	[衰]

酉◀▶辰

兄弟顯象：日主自坐比肩，年柱戊辰劫財通透，
　　　　　命局三見比劫通透有力，兄弟必多；
　　　　　比劫為喜，感情應佳。

〔旁註：同胞五人，感情尚佳。桃園高農畢業，得祖父遺
　　　產，經營農場。〕

● 己土生於食神酉月，通根年日兩支辰丑，年透戊土劫財，
　但不佔月令而身主稍弱，應以比劫印星為喜，終以日支丑
　土為用神。

庚戌、庚辰、庚辰、辛巳。……坤造。

	劫財	命主	比肩	比肩	〔坤造〕
	辛	庚	庚	庚	
	巳	辰	辰 ◀▶	戌	
	庚戌 比偏 肩印	丙癸乙戊 七傷正偏 殺官財印	癸乙戊 傷正偏 官財印	丁辛戊 正劫偏 官財印	
	[長生]	[養]	[養]	[衰]	

兄弟眾多顯象：天干全是比劫，年支三見偏印。

〔旁註：三見偏印，偏母亦多〕

- 庚金生於偏印辰月，天干全是比劫，年支再見偏印；身強之造，應以剋洩耗為喜。生月辰土仍屬東方木氣，時支巳火不論金長生，以火行七殺論。身強印旺，卻以時支巳火為用神。巳火孤立而逢眾消貼洩，實是無用，乃貧夭格局。

- 天干二比一劫，兄弟姊妹眾多，原註〈上有四姐、下有二妹一弟〉。

- 出生富家，7歲流年丙辰，夭折。

甲辰、甲戌、庚戌、丁亥。……坤造。

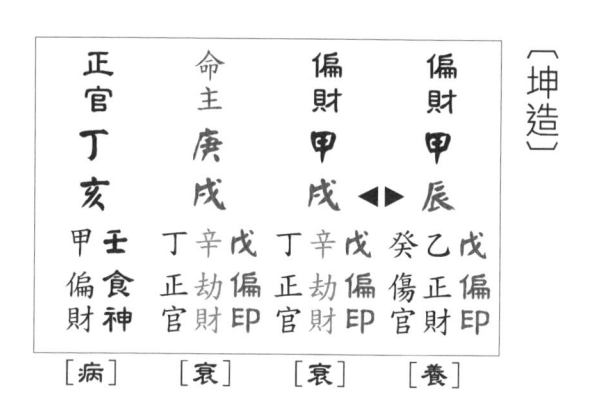

| 〔坤造〕 | 偏財 甲辰 癸乙戊 傷正偏 官財印 〔養〕 | 偏財 甲戌 ◀▶ 丁辛戊 正劫偏 官財印 〔衰〕 | 命主 庚戌 丁辛戊 正劫偏 官財印 〔衰〕 | 正官 丁亥 甲壬 偏食 財神 〔病〕 |

兄弟顯象：比肩不明現但母宮印旺，兄弟姊妹應多。兄弟質佳卻是無緣無助。

〔旁註：用神在月干兄弟宮，則兄弟質佳；原局不現比劫，則兄弟姊妹無緣，月柱兄弟宮又見戰剋，手足感情不會好〕

● 庚金生於偏印戌月，地支不見明根，年月見辰戌偏印，身主偏強，應以剋洩耗為喜。印多為忌，應取財星破印為用，故以月干甲木財星為用神。

乙巳、辛巳、庚戌、癸未。……

傷官	命主	劫財	正財
癸	庚	辛	乙
未	戌	巳	巳
乙丁己 正正正 財官印	丁辛戊 正劫偏 官財印	庚戊丙 比偏七 肩印殺	庚戊丙 比偏七 肩印殺
［冠帶］	［衰］	［長生］	［長生］

兄弟顯象：身強財衰，六親緣薄；月柱兄弟宮，
　　　　　比劫截腳見剋、官殺洩化於印，
　　　　　兄弟乏力之現象，終無兄弟。

〔旁註：本來命局不現比劫而印旺，不會沒有兄弟；
　　　　此造見劫而逢剋，且正偏印俱不在年月，
　　　　難論父母之旺蔭，所以無兄弟〕

● 庚金生於七殺巳月，日時坐下戌未偏印，身主已不弱；更見財生殺而梟印化殺生身，身主反強；身強之造，應以剋洩耗為喜。年干財星虛浮無力、難以論用，只能勉以時干癸水傷官為命局用神。

癸巳、丁巳、辛酉、戊子。……孿生子。

正印	命主 天德	七殺	食神
戊	辛	丁	癸
子	酉	巳	巳
癸 食神	辛 比肩	庚 丙 戊 劫 正 正 財 官 印	庚 丙 戊 劫 正 正 財 官 印
〔長生〕	〔臨官〕	〔死〕	〔死〕

兄弟顯象：自坐祿神，又見正印貼生，當有兄弟。
　　　　身弱以比劫為喜用，兄弟感情論佳。
　　　　唯年月忌神匯聚，兄弟助力小。
　　　　月柱官殺通透，貼剋日柱，兄弟有損。

● 辛金生於正官巳月，自坐祿神而時透戊土正印，
　身主不弱，然與剋洩耗相比，身主仍嫌稍弱，
　應以比印為喜，取日支酉金為用神。

● 上有兄姐各一，年月地支巳火伏吟，巳中暗藏劫財，
　本身為孿生子之一、排列弟弟。另有一弟幼時出嗣。

〔獨白：年月雙巳火伏吟，乃孿生之徵？〕

庚寅、己丑、辛亥、戊子。……

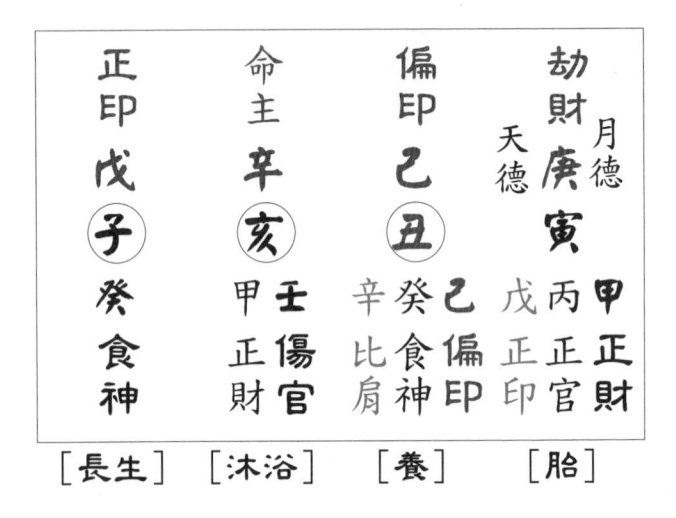

正印	命主	偏印	劫財
			天德　月德
戊	辛	己	庚
㊛子	㊛亥	㊛丑	寅
癸食神	甲正財　壬傷官	辛比肩　癸食神　己偏印	戊正印　丙正官　甲正財

[長生]　[沐浴]　[養]　[胎]

兄弟眾多顯象：月柱印星通透，年月全是比印相生。

〔旁註：雖月日時三會，然實際上，丑土仍是金庫，全局仍屬比劫根深通透〕

● 辛金生於偏印丑月，天干俱是劫印，本是身強命造；然而月日時亥子丑三會北方水，化為傷局。意欲棄命，劫印並透、從神不透，故仍以普通格局身弱論，以印比劫為喜。地支亥子丑三會傷官成局，應取比劫洩秀為用，最終以年干庚金劫財為用神。

〔孿生多胞的命例〕

庚子、戊子、甲申、庚午。……三胞胎命造。

七殺	命主	偏財	七殺
庚午	甲未申	戊子	庚子
己丁正傷財官	戊壬庚偏偏七財印殺	癸正印	癸正印
〔死〕	〔絕〕	〔沐浴〕	〔沐浴〕

兄弟顯象：命局不現比劫，年月正印、祖宮母宮兩旺，必有兄弟。

年月兩子水正印，孿生顯象？

子水正印又有長生申金貼生，以致多胞？

辛巳、戊戌、丁卯、丁未。……雙生子。

比肩	命主	傷官	偏財
丁未	丁卯 ►◄	戊戌	辛巳
乙丁己 偏比食 印肩神	乙 偏 印	丁辛戊 比偏傷 肩財官	庚戊丙 正傷劫 財官財
[冠帶]	[病]	[養]	[帝旺]

兄弟顯象：年坐劫財，正印貼生日主，當有兄弟。
　　　　　日時丁火比肩伏吟、俱來入墓於母宮，
　　　　　孿生顯象？

● 丁火生於傷官戌月，時透丁火比肩伏吟，同來通根年支巳火劫財，更見日坐卯木偏印，身主不弱，然與剋洩耗相較，仍屬身弱之造，以比劫印星為喜，終取日支卯木偏印為命局用神。

〔孿生多胞的命例〕 349

壬午、丙午、丁未、戊申。……坤造。

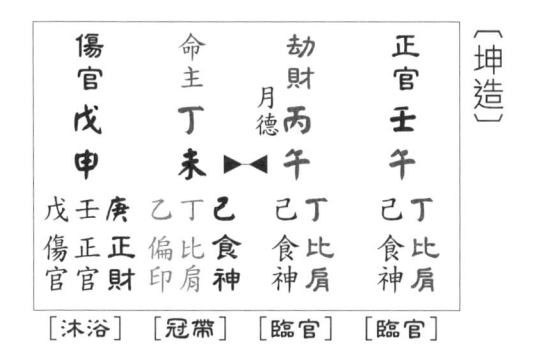

	傷官 戊申	命主 丁未	劫財 月德 丙午	正官 壬午	〔坤造〕
	戊壬庚 傷正正 官官財	乙丁己 偏比食 印肩神	己丁 食比 神肩	己丁 食比 神肩	
	〔沐浴〕	〔冠帶〕	〔臨官〕	〔臨官〕	

兄弟姊妹顯象：年柱比劫通透身強，必多兄弟姊妹。
**　　　　　　年月雙見午火比肩，孿生之現象？**

● 丁火生於建祿午月，年支再見午火、月透丙火劫財，身強之造，應以剋洩耗為喜。年干壬水虛浮偏處、難以為用；日主祿強無印，宜取食傷洩秀；日支未土羊刃食神逢合，故取時干戊土傷官為用神。

● 雙胞胎，小的生下來，手部有些障礙。

〔旁註：出生當年必是流年浮動，年月午火祿神伏吟，月日午未脫合，未土動而來合年支午火、月支午火動剋時支申金正財；天干壬水動而合剋日主〕

〔獨白：午火動剋申金而財星逢剋，確定身體內部功能有

損。年柱及日柱天地德合，正官剋日主，有疾病攻身之義；食神逢合則天生良能合滯不自由之象。動態最明顯的是月支，病在胸部？小的承受？〕

丙申、丙申、己丑、癸酉。……龍鳳胎。

	偏財	命主	正印	正印
天德	癸	己	丙	丙
	酉	丑	申	申
	辛	辛癸己	戊壬庚	戊壬庚
	食神	食偏比神財肩	劫正傷財財官	劫正傷財財官
	〔長生〕	〔墓〕	〔沐浴〕	〔沐浴〕

兄弟姊妹顯象：日主自坐比肩、印星多見，必有兄弟姊妹之顯象。

年月兩柱丙申伏吟，孿生顯象？

〔獨白：此為異性孿生命造〕

● 己土生於傷官申月，通根日支比肩丑土，年月雙見丙火正印，身主稍弱，應以比劫印星為喜。故取日支丑土身根為用神。

〔獨白：年月時支俱是申酉金，日支丑土應論金庫，則日主失根而地支全金，然年月雙印又不能從〕

丁亥、甲辰、己亥、丙寅。……坤造。

	偏印 丁 亥	正官 甲 辰	命主 己 亥	正印 丙 寅	〔坤造〕
	甲 壬 正 正 官 財	癸 乙 戊 偏 七 劫 財 殺 財	甲 壬 正 正 官 財	戊 丙 甲 劫 正 正 財 印 官	
	[胎]	[衰]	[胎]	[死]	

兄弟姊妹顯象：月令劫財身健，年時透印星通根長生時支寅木，比劫印星俱旺、母宮亦旺，必有兄弟。

年時兩亥水夾庫、入庫母宮，孿生顯象？

〔旁註：雖是雙生，個性完全不同，姐姐個性外放、妹妹乖巧聽話。〕

● 己土生於劫財辰月，年時透丙丁正偏印，身主不弱；然而辰月木旺，且為溼土，但見雙亥水夾辰，水強土流，辰土實是偏於水剋之性；更加日時寅亥合，全局反見水木財官氾濫，身主反弱，應以比劫印星為喜。

終取月令辰土為命局用神。

戊戌、甲寅、辛巳、己亥。……

	偏印	命主	正財	正印
〔辛日主流年〕 4比肩 辛丑 偏印	乙亥	辛巳 ◀▶	甲寅 〈刑〉	戊戌
	甲 壬 正 傷 財 官	庚 戊 劫 正 財 印	丙 戊 甲 正 正 正 官 印 官 財	丁 辛 戊 七 比 正 殺 肩 印
	[沐浴]	[死]	[胎]	[冠帶]

● 辛金生於正財寅月，不見明根，純靠印扶；年月戊戌正印通透、再見時透己土偏印，仍屬身弱之造，應以比劫印星為喜。之戌土正印為命局用神。

兄弟顯象：命局不現比劫，年柱正印通透，應有兄弟。此是孿生兄弟命造。

● 6歲上運，4歲流年辛丑，兩兄弟很會吵架，大的會用頭撞牆撞桌。

〔獨白：孿生顯象？流年現象？留待參考〕

〔孿生多胞的命例〕

癸巳、丁巳、辛酉、戊子。……孿生子。

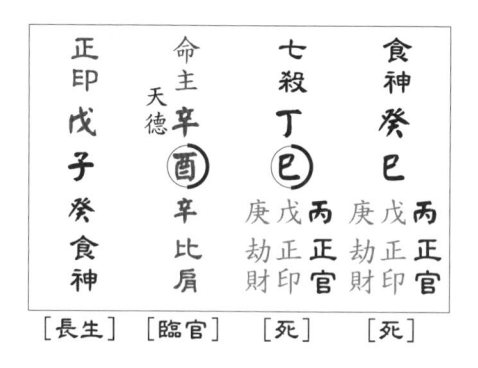

正印 戊子 癸食神	命主天德 辛酉 辛比肩	七殺 丁巳 庚戊丙 劫正正 財印官	食神 癸巳 庚戊丙 劫正正 財印官
[長生]	[臨官]	[死]	[死]

兄弟顯象：日主自坐比肩長生於母宮，時透印星，必有兄弟。
　　年月兩支巳火伏吟，孿生顯象？

● 辛金生於正官巳月，自坐祿神而時透戊土正印，身主不弱，然與剋洩耗相比，身主仍嫌稍弱，應以比印為喜，取日支酉金為用神。

〔旁註：日支辛金，巳月火地與日支相合而有化金之機，
　　　　然月透丁火，則又不能化〕

〔**主象：食神制殺**。年月雙官而月透七殺，論七殺通透；
　　　　年干癸水、時支子水植根〕

乙丑、乙酉、庚午、己卯。……。

正印	命主 月德	正財	正財
乙 卯	庚 午	乙 酉	乙 丑
乙 正財	丁 己 正官 正印	辛 劫財	辛 癸 己 劫財 傷官 正印

〔胎〕　　〔沐浴〕　　〔帝旺〕　　〔墓〕

兄弟顯象：月令劫財身健、印星母宮俱旺，必有兄弟。
　　　　　年月兩干乙木伏吟，孿生顯象？

- 庚金生陽刃酉月，時透己土正印、通根年支丑土正印，更見年月酉丑相合；身強之造，應以剋洩耗為喜。
  日主根深、不勞印生，宜取財星破印為用；
  終取時支卯木正財為命局用神。
- 孿生兄弟命造，但是兄弟之間很會吵。
  〔旁註：月支母宮而劫財佔位、並合年支正印，也是有同質兄弟之徵象？身強比劫為忌神，兄弟感情必難親。日主逢雙乙木而有爭合之象，兄弟之間必多意見〕

〔孿生多胞的命例〕

己未、庚午、壬子、壬寅。……孿生子。

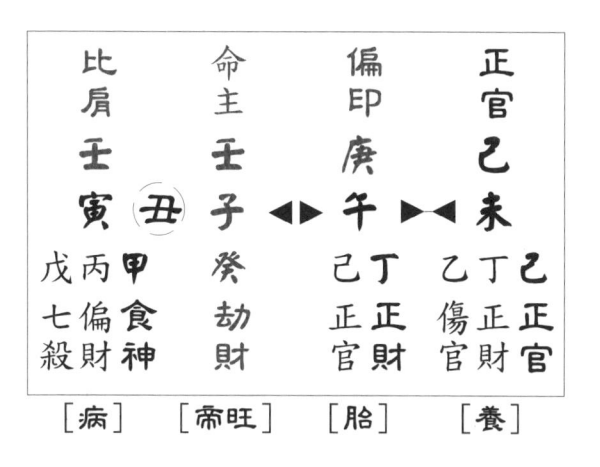

比肩	命主	偏印	正官
壬	壬	庚	己
寅 ⦗丑⦘	子 ◀	午 ▶◀	未
戊丙甲	癸	己丁	乙丁己
七偏食	劫	正正	傷正正
殺財神	財	官財	官財官
[病]	[帝旺]	[胎]	[養]

兄弟顯象：日主自坐劫財、月透印星，必有兄弟。
　　　　　日時兩干壬水伏吟通根，孿生顯象？

● 壬水生於正財午月，時透壬水比肩，同來通根坐下子水陽刃劫財，身弱之造，應以比劫印星為喜。
　毫無疑義，只能以日支子水劫財身根為命局用神。

庚子、戊子、癸巳、己未。……龍鳳胎。

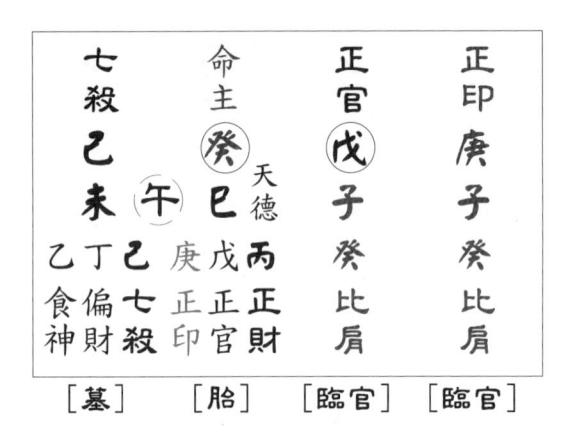

七殺	命主	正官	正印
乙未	癸巳 天德	戊子	庚子
乙丁己 食偏七 神財殺	庚戊丙 正正正 印官財	癸 比肩	癸 比肩
[墓]	[胎]	[臨官]	[臨官]

兄弟姊妹顯象：

◎ 年月比劫印星旺盛，多兄弟姊妹之象。
此為龍鳳胎兄妹命造。年月兩子水比祿，孿生顯象？
龍鳳如何分途？

● 癸水生於建祿子月，年支再見祿神子水比肩、
年透庚金正印，身強之造，應以剋洩耗為喜。
日主根深、見印為忌，本宜用財破印；
唯日支財星逢比祿貼剋、不能破印，
終取時支未土七殺為命局用神。

進 源 書 局 圖 書 目 錄
Zin Yuan Publishing Company Index

堪 輿 叢 書

1061	乾坤國寶透析（劉貴編著）------------------	平裝 600 元
1062	陽宅三要透析（劉貴編著） ----------------	平裝 650 元
1063	五術築基（劉貴編著）--------------------	平裝 400 元
1064	八宅明鏡透析（劉貴編）------------------	平裝 600 元
1065	陳哲毅教你看陽宅技巧（陳哲毅・陳旅得合著）	彩色平裝 350 元
1066	陽宅指南白話圖文注解（蔣大鴻原著・陳龍羽注解）	平裝 300 元
1067	玄空大卦透析（劉貴編）上下冊不分售------	平裝 1200 元
1068	八宅明鏡（顧吾廬原著、劉貴精校）--------	平裝 250 元
1069	陽宅三要（趙九峰原著、劉貴精校）--------	平裝 250 元
1070	陽宅實務非看不可（黃連池著）------------	平裝 550 元
1071	精義秘旨評註-駱氏挨星透析（劉貴評註）------	平裝 800 元
1072	易經風水母法-國學經典（沈朝合・謝翎苦合著）	平裝 350 元
1073	各派陽宅診斷現象、化解〈黃恆堉・李羽宸〉	平裝 350 元
1074	陰宅造葬實務非看不可-墓碑斷法大公開（黃連池）------- -------------------------------------	-平裝 550 元
1075	陽宅形家透析（劉貴編）------------------	平裝 550 元
1076	陽宅形家透析-內巒頭（劉貴編）------------	平裝 500 元
1077	沈氏玄空學評註〈上冊〉（劉貴評註）--------	平裝 500 元
1078	沈氏玄空學評註〈下冊〉（劉貴評註）--------	平裝 700 元
1079	形家長眼法陽宅陰宅風水上課講義（二）〔劉寶卿著〕	-精裝 2500 元
1080	形家講堂非看不可（黃連池/陳義霖合著）-------平裝 600 元
1081	七星打劫最終章（秦連森著）- --------------平裝 400 元
1082	玄空陽宅學（胡祥著）----------------------	平裝 300 元
1083	陽宅 SO EASY（許崴霖著）------------------平裝 300 元
1084	你真的懂陽宅嗎?（陳龍羽.蔣奕昕合著）--------平裝 350 元
1085	環境與疾病-從風水尋找健康（王虎應/劉鐵卿著馮旭插圖）-	平裝 600 元
1086	重鐫地理天機會元（徐試可重編;顧陵岡先生彙集）-------

```
------------------------------------ (上下冊不分售)精裝 1500 元
1087 玄空挨星透析(一)-基礎理則篇(劉貴/編著)-----平裝 600 元
1088 玄空挨星透析(二)-應用篇(劉貴/編著)---------平裝 600 元
1089 玄空挨星透析(三)-下卦挨星圖局(劉貴/編著) 平裝 600 元
1090 玄空挨星透析(四)- 替卦挨星圖局(劉貴/編著)-平裝 600 元
1091 蔣法堪輿研究(蔣法堪輿大師唐正一嫡傳弟子陳晉長)-----
                                          精裝 3600 元
1092 各家秘傳立向分金線法集(羅添友/編著)- 彩色平裝 600 元
1093 三元玄空大卦擇日祕法辨證(羅添友/編著)------平裝 500 元
1094 現代風水闡微錄(趙齊英/編著)----------------平裝 380 元
1095 雪心賦透析(劉貴/編著)--------------- 彩色平裝 800 元
1096 陽宅設計與救貧水法量測揭秘(鄭照煌/著)------平裝 450 元
1097 如影隨形十二宮風水心法(王磊/著)------------平裝 350 元
1098 科學風水點竅-破解風水迷疑,全面開釋(秦震/著)平裝 450 元
1099 形家陽宅配三元納氣診斷旺衰(陳義霖.林定榮.黃恆埻/合著)平裝 600 元
1100 葬經與陽宅指要(趙齊英/著)-------------------平裝 500 元
1101 形家-形局訣斷集錦真解(鄭照煌/著)-----------平裝 450 元
1102 九運陽宅透析(劉貴/編著)-----------------彩色平裝 600 元
```

◎   相   卜   叢   書   ◎

```
2051 卜卦傳薪燈（鄭照煌著）POD --------------- 平裝 320 元
2052 卦爻理用透析（一）－卦爻教科書（劉貴編著）平裝 500 元
2053 卦爻理用透析（二）－占卦例篇（劉貴編著）   平裝 400 元
2054 卦爻理用透析（三）－占卦例篇（劉貴編著）   平裝 450 元
2055 火珠林評註（劉貴評註） ------------- 平裝 450 元
2056 六爻神卦實證集錄（劉臺坤著）------------ 平裝 450 元
2057 黃金策評註(劉基原著・劉貴評註)------------ 平裝 450 元
2058 三才筮法(閒雲老叟著)------------------- 平裝 350 元
2059 承先啟後-卜藝(一點青米著)-------------- 平裝 400 元
2060 元昭老漢簡易錄-詳解64卦袖珍本(楊典昭著)活頁本 400 元
2061 野鶴占卜全書(劉貴整編)- --------------平裝 450 元
2062 卜筮正宗(王洪緒原著・劉貴整編)----------- 平裝 350 元
```

編號	書名	裝訂	價格
2063	九天學算卦〈黎光‧舒涵〉	平裝	500元
2064	卜筮全書新編(明 姚際隆/原著,劉貢/整編)	平裝	500元
2065	易隱新編(清 曹九錫/原著,劉貢/整編)	平裝	450元
2066	卦爻歌訣集釋(劉貢/編著)	平裝	500元
2067	卜卦真傳〔林琮學著〕	平裝	320元
2068	黎氏,後天易數〔黎光著〕	平裝	450元
2069	卦理說真-股票、財運篇(石世明/著)POD	平裝	320元
2070	六爻三大技法(客篇)六爻知識入門(黎光)	平裝	600元
2071	梅花易象高層之路(馮紹均)	平裝	350元
2072	易經一閱通(蕭善章/著)	平裝	400元
2073	易經占卜母法(沈朝合/謝翎著)	平裝	380元
2074	六爻經濟預測學(王虎應/劉鐵卿著)	平裝	600元
2075	六爻風水預測學(王虎應.劉鐵卿/著)	平裝	600元
2076	增刪卜易精譯(李文輝/原著.舒涵/譯解)	平裝	600元
2077	周易六爻正道之門(張德著)	平裝	600元
2078	梅開易度：聽老澗講(梅花易數)(舒涵著)	平裝	400元
2079	閑派六爻經典(閑雲真人著)	平裝	450元
2080	悠影梅花(王磊/著)	平裝	500元
2081	陰盤奇門遁甲真的很神奇(李羽宸.黃恆堉/合撰)	平裝	700元
2082	卜筮正宗精譯(王洪緒原著.舒涵譯解)	平裝	600元
2083	占卜入門指南(胡祥著)	平裝	250元
2084	占卜故事奇談[王虎應.劉鐵卿合著]	平裝	300元
2085	六爻心法點竅[趙齊英著]	平裝	600元
2086	六爻預測的因果世界[王虎應.劉鐵卿合著]	平裝	600元
2087	六爻逢源秘典[王虎應點評.劉鐵卿著]	平裝	700元
2088	道家陰盤奇門遁甲理論與實務非看不可{黃連池}	彩色平裝	1000元
2089	奇門遁甲穿八字道法奇門{李羽宸.黃恆堉.劉芳利}	彩色平裝	800元
2090	梅化六十四講{李新耀著}	平裝	450元
2091	六爻卦象解心迷{朱峽希著}	平裝	450元
2092	六爻化解經驗心法[王虎應.劉鐵卿合著]	平裝	800元
2093	易林補遺精譯(張星元原著.舒涵譯解)	平裝	700元

2094 卦筮精選{李新耀著}-------------------------------平裝 500 元
2095 易隱譯解(曹九錫輯.黎光譯解.李全校對)-------平裝 600 元

◎　　　　擇　　日　　叢　　書　　◎

5001 擇日秘本萬年通書(洪潮和著) --------------- 平裝 300 元
5002 擇日講義(洪潮和著) ------------------------ 平裝 300 元
5003 日課秘論全書(蕭有用著)上下冊不分售 ------- 平裝 500 元
5004 葫蘆墩萬年曆 25 開 ---------- (沈朝合著)彩色平裝 450 元
5005 葫蘆墩萬年曆 50 開 ---------- (沈朝合著)彩色平裝 350 元
5006 增補備要象吉通書大全(潭陽魏明遠先生)-----平裝 1000 元
5007 董公擇日透析(劉貢編著) --------------------- 平裝 500 元
5008 重編崇正闢謬永吉通書(《清》李泰來著) --- 精裝 700 元
5009 通書擇日透析(劉貢編著)--------------------- 平裝 1000 元

◎　　　　八　　字　　叢　　書　　◎

6001 命理秘論全書(蕭有用著)上下冊不分售 ------- 平裝 500 元
6002 子平八字十神因果論(吳政憶著) ------------- 平裝 450 元
6003 子平真詮評註(徐樂吾評註) ----------------- 平裝 250 元
6004 八字煉丹爐‧高手秘笈(陳哲毅著) POD ------- 平裝 350 元
6005 八字白話全記錄(陳昱勳著) ----------------- 平裝 300 元
6007 八字傳薪燈(鄭照煌著) --------------------- 平裝 300 元
6008 八字的玄機(謝武藤著) -----------------POD 平裝 400 元
6009 窮通寶鑑(徐樂吾評註) --------------------- 平裝 200 元
6010 訂正滴天髓徵義(徐樂吾增註) --------------- 平裝 300 元
6011 論命出奇招(沈朝合‧謝翎合著) ------- 彩色平裝 380 元
6012 四柱薪燈—八字傳薪燈續集（鄭照煌著）----- 平裝 320 元
6013 正宗子平—博士論文(劉金財著) ------------ 平裝 350 元
6014 捉用神學八字─窮通寶鑑白話本(陳哲毅‧陳力瀚合著)平裝 550 元
6015 四柱推命學講義（鍾茂基著）--------------- 平裝 600 元
6016 八字傳薪燈三部曲─體系與宿命(鄭照煌著) － 平裝 350 元
6017 星平會海析義(張貴振‧張智超合著) ------- 平裝 380 元
6018 四柱推命學（鐵筆子著）------------------- 平裝 250 元
6019 八字應用學寶典—增訂版(陳天寶著) POD ---- 平裝 420 元

編號	書名	裝訂	價格
6020	八字傳薪燈實例格局與調侯(鄭照煌著) -----	平裝	380 元
6021	滴天髓闡微(任鐵樵增注；袁樹珊撰輯) -----	平裝	300 元
6022	命理秘本造化元鑰(徐樂吾評註)------------	平裝	300 元
6023	增補淵海子平((宋)徐升編) ----------------	平裝	250 元
6024	三命通會(一)──專論子平神煞(明/萬民英撰) -	平裝	350 元
6025	三命通會(二)-十天干配十二時辰論斷(明/萬民英撰)	平裝	350 元
6026	三命通會(三)──看命口訣(明/萬民英撰) -----	平裝	350 元
6027	八字命學母法──淵海子平訣竅應用(沈朝合著) - 彩色	平裝	300 元
6028	命理正宗-神峰通考(張楠著)----------------	平裝	300 元
6029	神秘盲派八字大解密(陳宥名‧黃恆堉合著) --	平裝	450 元
6030	八字大解秘(光蓮先生著)POD ---------------	平裝	400 元
6031	八字正道-道破盲派新派八字論命之謎〈風鑑奇人〉-	平裝	350 元
6032	八字氣數基礎講義[上](光蓮先生/著) --------	平裝	350 元
6033	八字氣數基礎講義[中](光蓮先生/著) --------	平裝	350 元
6034	八字氣數基礎講義[下](光蓮先生/著) --------	平裝	400 元
6035	古今名人命鑑(徐樂吾) --------------------	平裝	280 元
6036	名人八字與實際案例(施長江/著)------------	平裝	400 元
6037	子平真詮評註新編(劉賁/著)----------------	平裝	400 元
6038	易經八字洩天機(星海釣叟/著) -------------	平裝	280 元
6039	淵海子平透析上下冊(劉賁/著) -------------	平裝	900 元
6040	用神不用神透析(劉賁/著) -----------------	平裝	500 元
6041	格局不格局透析(劉賁/著) -----------------	平裝	500 元
6042	八字命理學(胡祥/著) ---------------------	平裝	380 元
6043	八字總動員[秦震/著]---------------------	平裝	500 元
6044	滴天髓透析[宋京圖撰.明劉基註.劉賁評註]-----	平裝	400 元
6045	神煞不神煞-神煞透析[劉賁編註]-------------	平裝	500 元
6046	抽筋剝絲講八字(洪祥瑜/著)----------------	平裝	350 元
6047	八字橫豎-八字教科書(澤洋/著)-------------	平裝	300 元
6048	八字實戰精細神(劉天煌/著)----------------	平裝	300 元
6049	坤部六十甲子命例寶典(鄭照煌/著)-----------	平裝	450 元
6050	乾部六十甲子命例寶典(鄭照煌/著)-----------	平裝	400 元

編號	書名	裝訂	價格
6051	八字奇書VS金瓶梅(澤洋著)	平裝	300元
6052	命理驗證玄學診療實務(鄭照煌/著)	平裝	500元
6053	命理必讀辭典(劉賁/著)	平裝	500元
6054	探索門命學干支解密{王慶}	平裝	450元
6055	八字命理透析-出身情緣篇[劉賁編註]	平裝	500元

◎ 斗 數 叢 書 ◎

編號	書名	裝訂	價格
	紫微演譯①斗數執法（翁福裕著）	平裝	700元
	紫微演譯②紫微神探（翁福裕著）	平裝	800元
	紫微演譯③斗數飛星解碼（翁福裕著）	平裝	900元
7001	紫微演譯④斗數護法（翁福裕著）	平裝	450元
7002	紫微演譯⑤斗數功夫（翁福裕著）	平裝	500元
7003	紫微斗數婚姻總論(沈平山著)	平裝	380元
7004	紫微演譯⑥斗數正眼（翁福裕著）	平裝	500元
7005	紫微斗數古訣今鑑（張宏輔著）	平裝	420元
7006	占驗紫微案例精選（范振木・黃素芳合著）	平裝	300元
7007	紫微斗數秘儀傳承（子陽著）	平裝	500元
7008	紫微斗數技法洩天機（彭浚翃・陳玥澧合著）	平裝	550元
7009	紫微斗數命運分析（徐曾生著）	平裝	450元
7010	紫微斗數命運分析—格局篇（徐曾生著）	平裝	450元
7011	紫微寶典(劉純市著)	平裝	350元
7012	飛星四化紫微斗數點竅(葉易著)	平裝	500元
7013	紫微斗數全書（陳希夷著）	平裝	250元
7014	開館人紫微斗數(三)—星情論吉凶（方外人著）	平裝	300元
7015	開館人紫微斗數(四)—同步斷訣實例（方外人著）	平裝	300元
7016	紫微正道〈風鑑奇人〉	平裝	400元
7017	天地根斗數八字合參正見(簡志昇.吳心慧合著)	裝	400元
7018	紫微斗數之迷與悟〔張凱元／編著〕	平裝	500元
7019	當總統的命格與機緣(福耕/著)	平裝	380元
7020	由理氣原則學習飛宮紫微斗數(江申／著)	平裝	500元

7021	紫微斗數命運分析-實例篇（徐曾生/著）---------	平裝 600 元
7022	玄秘紫微斗數-命理字典八千招（丘宗鴻）-----	平裝 450 元
7023	快速搞懂紫微這本最好（范振木.黃素芳合編）---	平裝 300 元
7024	紫微斗數密碼全攻略（林辰熹/著）-------------	平裝 400 元
7025	北派河洛紫微斗數止觀錄（紫天學堂.紫天雲閣）-	平裝 750 元
7026	不要再問我怎麼詳批紫微斗數（許紫捷.黃恆堉著）	平裝 450 元

◎　　　姓　名　學　叢　書　　　◎

8001	十二生肖姓名學總論（陳哲毅・陳旅得合著） -	平裝 300 元
8002	十二生肖姓名八字三合一總論（陳哲毅・陳力瀚合著） -----------------------------	平裝 350 元
8003	最新姓名學字典（陳哲毅・陳旅得合著） -----	平裝 350 元
8004	姓名學大公開【精華篇】（夏唯綱著） --------	平裝 350 元
8005	新十二生肖生剋姓名學總論（陳哲毅・陳力瀚合著） -------------------------------	平裝 400 元
8006	姓名學大公開—數字篇（夏唯綱著） ----------	平裝 350 元
8007	生肖姓名學吉凶教科書(陳宥名，黃恆堉合著)-	平裝 350 元
8008	八字與易經姓名學（星海釣叟/著）-------------	平裝 350 元
8009	姓名吉凶VS流年實例(思普居士/著) ---------	平裝 350 元
8010	生肖姓名學講義（何安笛/著）-----------------	平裝 350 元
8011	形家與生肖姓名學(陳義霖.林定榮.黃恆堉/合著)	平裝 450 元

◎　　　相　　學　叢　　書　　　◎

9001	陳哲毅教你學面相技巧（陳哲毅・陳力瀚合著）	彩色平裝 400 元
9002	陳哲毅教你看手相技巧（陳哲毅・陳旅得合著）	彩色平裝 380 元
9003	陳哲毅傳授你面相精華（陳哲毅・陳旅得合著）	彩色平裝 380 元
9004	大富大貴相譜(蕭湘居士著) ------------------	平裝 250 元
9005	蕭湘相法全集一上冊-骨相面相之部 ----------	精裝 600 元
9006	蕭湘相法全集二下冊-手相體相之部 ----------	精裝 630 元
9007	蕭湘相法全集三專論-眼神氣色之部----------	精裝 600 元
9008	麻衣相法完整本(麻衣先生/著) ---------------	平裝 350 元
9009	手相入門指南(胡祥著) ---------------------	平裝 250 元
9010	相理衡真完整本(陳希夷先生秘本.破納雲谷山人謹識/著)	

國家圖書館出版品預行編目資料

八字命理透析. 出身情緣篇 / 劉貴編著. -- 初版. -- 臺北市 : 進源網路事業有限公司, 2025.05
　面；　公分. --(八字叢書；6055)
ISBN 978-626-98939-3-5(平裝)
1.CST: 生辰八字 2.CST: 命書
293.12　　　　　　　　　　　　　　　114003484

◎八字叢書6055

八字命理透析──出身情緣篇

作　　者／劉　貴編著
出　版　者／進源網路事業有限公司
發　行　人／林芳仔
法律顧問／江皇樺律師
社　　址／台北市華西街61-1號
電　　話／(02)2304-2670・2304-0856・2336-5280
傳　　真／(02)2302-9249
http://www.chinyuan.com.tw
WeChatID：chinyuanbooks
LineID：@fhq0021u
E-mail：juh3344@ms46.hinet.net
郵政劃撥／台北50075331進源書局帳戶
電腦排版／旭豐數位排版有限公司
印　　刷／肯定設計印刷有限公司
出版日期／二〇二五年五月
定　　價／平裝新台幣500元

著作權所有・翻印必究
◎本書如有缺頁破損或裝訂錯誤，請寄回本書局調換

源進